Heinz-Werner Jezewski

Flensburg

Mit der 3 nach Ostseebad

Geschichten & Anekdoten

Bildnachweis
Cover: wikiccommons/Leif Jørgensen, S. 62: wikicommons/Kulkswiki
Alle anderen Fotos stammen vom Autor

1. Auflage 2023

Layout: Da Forma Agentur für Gestaltung, Gudensberg
Satz: Schneider Professionell Design, Schlüchtern-Elm
Druck: Rindt Druck, Fulda
Buchbinderische Verarbeitung: Buchbinderei S. R. Büge, Celle

34281 Gudensberg-Gleichen, Im Wiesental 1
Tel. 0 56 03 - 9 30 50 www.wartberg-verlag.de
ISBN 978-3-8313-3569-5

Inhalt

Vorwort

„Wie schön und sehen Sie hier lesen dies Buch“, hätte Oma Meta wohl gesagt, wenn sie Sie in der Linie 3 in Richtung Ostseebad hätte fahren sehen, mit diesem Buch in der Hand, Ausschau haltend, was von dem Beschriebenen Sie dort draußen zu sehen bekommen.

Erinnern Sie sich mit mir an Alltägliches aus der jüngsten Vergangenheit wie den „Kirchenmusiker“ Opa Orgel, den Schlammi in der Seewarte, die Petuhtanten auf den Fördedampfern, turbulente Einkaufsfahrten nach RITA, schusselige Lehrer oder missglückte Geburtstagsfeiern.

Mit der Linie 3 kann man heute nicht mehr fahren, da bleibt einem nur, Flensburg mit dem Bus und zu Fuß zu erkunden. Und genau dazu möchte dieses Buch anregen. Schauen Sie in die Ecken und Winkel, in denen das alte Flensburg noch zu erahnen ist. Besuchen Sie den wunderschön sanierten Käte-Lassen-Hof, die herrlichen Flensburger Sandstrände oder die anderen Orte, von denen ich in diesem Buch berichte. Sie werden erstaunt sein, wie viel Vergangenheit in Flensburg bis heute zu spüren ist.

Und wer weiß, vielleicht treffen wir uns ja irgendwo. Wenn Sie das Buch in der Hand halten, werde ich Sie einfach ansprechen.

Heinz Jezewski

Oma Ida, Frau Andresen und Milch-Märry

Ja, von den Petuhtanten ist oft erzählt worden und jedes Mal anders. Also können wir diesen lieben Frauen getrost eine weitere Geschichte widmen, diesmal aus der Zeit, in der sie gemeinhin als ausgestorben galten. Es geht um drei Freundinnen: Wir treffen auf Oma Ida, die allerdings bei ihren Freundinnen darauf besteht, mit dem korrekten Namen angesprochen zu werden, und der ist Ida Sophie. Freundin Nr. 2 ist Frau Andresen, die keinen Vornamen zu haben schien, denn selbst ihre Kinder sprachen von Frau Andresen, wenn sie nicht gerade „Mutter" sagten. Und Maria, zu der ihre Freundinnen nur „Milch-Märry" sagten, weil ihr Vater Milchhändler auf Jürgensby gewesen ist, wo die drei Damen aufgewachsen sind.

Die drei waren in den späten Sechzigern und frühen Siebzigern, als die Fördeschifffahrt boomte, im verdienten Ruhestand, aber wahrlich rüstig genug, dreimal in der Woche „auf den Dampfer" zu gehen. In der einen Woche montags, mittwochs und freitags, in der anderen Woche dienstags, donnerstags und samstags. Der Sonntag hingegen gehörte der Familie, es sei denn, eine der drei Damen hatte an einem Sonntag Geburtstag. Der wurde selbstverständlich auf dem Dampfer gefeiert.

Oma Ida war die bodenständigste von den dreien. Sie war die Tochter eines Zollamtsrats, hatte acht Jahre lang die Schule besucht und das Handwerk der Schneiderin gelernt. „Chib ihr zwei Lumpen und einen Faden und ssie macht ein Brautkleid daraus und noch einen Schleier dazu!", sagte Frau Andresen, wenn sie über die langjährige Freundin sprach.

Frau Andresen hatte keinen Beruf gelernt. Sie war gerade mal siebzehn, als sie ihren Mann kennenlernte, den die anderen beiden den schönen Otto nannten, selbst als er bereits auf die Neunzig zuging. Nun, kaum hatten sich die beiden kennengelernt, passierte es auch schon, und bevor man die Folgen des Geschehens hätte sehen können, wurde sie 18, heiratete den schönen Otto und hieß von da an Frau Andresen.

Der Milch-Märry hatten schöne Männer nie so sehr imponiert, dass sie darüber den Verstand verloren hätte. Einmal hatte sie einen „chanz nett“ gefunden, und „ssiemlich hübsch war er auch“, aber das war 1939 und ihr Heinrich hatte genau an dem Tag die Einberufung bekommen, als sie ihn ihren Eltern vorstellte. Ein paar Wochen später feierten die beiden ihre „Feldhochzeit“. Nicht einmal einen Monat später wurde Milch-Märry zur Witwe, mit nicht einmal 21 Jahren. Was immerhin dazu führte, dass sie neben der eigenen Rente für das lebenslange „Kinderbesorgen“ eine Kriegerwitwenrente erhielt, die ihr die Zeit im Alter ein wenig versüßte.

Die drei Freundinnen ergänzten sich in ihrer Unterschiedlichkeit so gut, dass sie auf den Dampfern, die sie besuchten, wie sie ihre Fahrten nannten, gefürchtet waren. Ob auf der „Alexandra“, der „Forelle“, der „Libelle“ oder auf den neuen Schiffen wie der „Glücksburg“, der „Mürwik“, der „Holnis“, der „Meierwik“, der „Jürgensby“ oder der „Langballigau“, überall auf den Dampfern, die teilweise verschiedene Routen fuhren, gab es Stammkundschaft. Auf fast jedem Schiff gab es andere zoll- und steuerfreie Waren zu kaufen. Bei den kurzen Touren waren das meist zwei Päckchen Zigaretten, eine Flasche Likör, ein halbes Pfund Kaffee und ein halbes Pfund Butter. Auf der langen Tour, die weit auf die Ostsee hinausführte, konnte man sich eine ganze Stange Zigaretten in die Tasche packen, dazu einen Liter „harten“ Schnaps, ein Pfund Kaffee und sogar ein Kilo Butter.

Ausflugsverkehr an der Fördebrücke, etwa 1966.

Um diese Rationen entwickelte sich in Flensburg und den umliegenden Dörfern eine komplexe Infrastruktur. Morgens holten Reisebusse die Frauen – Männer sah man auf den Dampfern eher selten – aus ihren Dörfern ab, nachmittags brachten sie sie mit prall gefüllten Einkaufstaschen wieder zurück. An den Bushaltestellen warteten die Nachbarn und Verwandten auf die zollfreien Waren, die sie mitgebracht hatten. Die Ersparnis teilte man sich, sodass für die Reisenden nicht nur die Fahrt, sondern auch der Kaffee und der Kuchen an Bord kostenlos waren, während die Endabnehmer eine schöne Summe gegenüber dem Ladenpreis sparten.

Oma Ida, Frau Andresen und Milch-Märry nutzten diese Art der Gegenfinanzierung für ihre Ausflüge natürlich aus, aber sie dachten gar nicht daran, immer die gleiche Tour zu fahren, wie es so viele andere taten. Nun gab es aber das Problem, dass die guten Plätze auf den Dampfern oft Stammplätze waren.

Immer die gleichen Trüppchen machten es sich dort gemütlich und bestanden auf ihrem Recht, den angestammten Platz zu erhalten, wenn die Fahrt begann. An diesem Gewohnheitsrecht kratzten die drei nun recht heftig. Als Flensburgerinnen hatten sie den Vorteil, nicht auf die Reisebusse angewiesen zu sein, die die anderen Damengrüppchen in ihren Dörfern abholten und erst kurz vor Abfahrt der Dampfer an der Schiffbrücke anhielten, um ihre menschliche Fracht zu den Ausflugsbooten zu entlassen.

Stets waren Oma Ida Sophie, Frau Andresen und die Milch-Märry rechtzeitig an der Anlegestelle und ein guter Sitzplatz hätte ihnen nur durch unfaires Verhalten genommen werden können. Aber da war die Milch-Märry vor. Nie erschien sie ohne ihren langen gelb-blauen Stockschirm zu einer Fahrt, der ihr bei Regen ebenso nützliche Dienste leistete wie bei knalligem Sonnenschein. Versuchte eine der Damen, die nach ihnen gekommen waren, sich vorbeizudrängeln, schnellte der gebogene Griff des Schirms nach vorne, hakte sich unter dem Arm oder dem Gürtel der Konkurrentin ein und brachte sie abrupt zum Stehen. „Da ist hinten!“, hörte man Milch-Märrys hohe Stimme und sie zog die Delinquentin unbarmherzig so weit zurück, dass sie hinter ihr und ihren Freundinnen zu stehen kam.

Das machte die drei Freundinnen an Bord natürlich nicht beliebt. Oft genug begannen die Sticheleien gegen sie, bevor der Dampfer abgelegt hatte. „Sso hoffen wir nur, dass der Dampfer sich nicht auf die Seite legt und wir saufen ab!“, lästerte es von den Nebentischen. Eine ganz unverschämt freche Anspielung auf die beträchtliche Leibesfülle unserer drei Freundinnen. Während die Milch-Märry bei solchen Sprüchen unauffällig nach dem Schirm griff, ignorierte Frau Andresen das einfach. Dafür war sie schlicht zu vornehm. Ida Sophie konnte beides

nachvollziehen, aber Schweigen war für sie keine Alternative: Sie richtete sich auf und sagte laut und für alle Umsitzenden vernehmbar: „Dann ssollen wir heute mal ssu hinterst an den Kiosk gehen, wenn er öffnet. Vielleicht können die Klappergestelle dort drüben ssich ja heute mal ein Pfund Butter leisten, das wollen wir ihnen doch nicht vor den Nase wegkaufen, nicht wahr?"
Aber auch die Gegnerinnen waren nicht auf den Mund gefallen, meist folgte die Replik auf dem Fuße. Die Auseinandersetzung wurde schnell laut und oft genug mischte sich das Personal ein, was die Kampfhennen nicht selten zusammenschweißte. „Von einem Wicht wie Ssie muss ich mir hier gar nichts sagen lassen!", hieß es – und: „Wenn Ssie mir was ssagen wollen, dann schicken Ssie mir mal den Kaptain!" Kam der Kapitän in seiner schmucken Uniform leibhaftig in den großen Gastraum, saßen die vorher so erbittert Streitenden plötzlich ganz friedlich nebeneinander und schoben alle Schuld auf den armen Deckssteward, der versucht hatte, ihren Streit zu schlichten.
Die vornehme Frau Andresen versuchte meist vergebens, ihre Zugehörigkeit zu der Gruppe gegenüber den anderen Frauen auf dem Schiff zu verbergen. Sie hatte sich in den Kopf gesetzt, dass das „ch", dass alle am Ende so vieler Wörter verwendeten, ein besonderes Zeichen für sprachliche Nachlässigkeit sei. Sie versuchte konsequent, es zu vermeiden. Hieß die Straße bei den einen „Adelbyer Kirchenweech", war das bei ihr der „Adelbyer Kirchenweeek", mit Betonung auf dem langen „E", um es allen zu zeigen. Die Milch-Märry und Ida Sophie waren ja nun einmal ihre Freundinnen und verzogen bei solchen Sprachpatzern keine Miene, während die anderen vielsagend die Augen verdrehten.

Wenn Frau Andresen mal besonders vornehm sein wollte und ganz nebenbei einwarf, ihr Mann wolle „heute Nachmittaak den Wohnzimmer-Teppik ausklopfen“, konnten ihre Freundinnen vor Lachen kaum an sich halten. An Bord aber verging ob solcher kleinen Ablenkungen die Zeit schnell und je nach der Länge der Fahrt trafen die drei Freundinnen wieder an der Schiffbrücke ein, wo entweder Opa Werner oder der schöne Otto sie erwarteten und sie mitsamt ihrer Beute an Zigaretten, Schnaps, Kaffee und Butter nach Hause brachte. Hier, beim Verlassen des Schiffes, das nur durch die Zollbaracke möglich war, schlug oft die Stunde der Rache für die Milch-Märry.

Hatte eine der Frauen auf dem Schiff ihren Geduldsfaden überstrapaziert, konnte es sehr gut passieren, dass sie knapp hinter ihr die Zollkontrolle passierte und dass ihr Schirm sich genau in dem Moment in der Einkaufstasche der Frau verhakte und ruckartig zurückgezogen wurde, in dem diese dem Zöllner gerade mit empörtem Blick versichert hatte, dass sie es nun wirklich nicht nötig hätte zu schmuggeln. Die auf den Boden fallenden Zigarettenschachteln straften sie Lügen und meist war dafür eine saftige Strafe fällig. Während die Milch-Märry grinsend auf den Boden schaute, sagte Frau Andresen etwas wie „Und mit ssolche Personen muss unsereins sich nun das Schiff teilen und kann nichts dagegen tun!“ und schon waren die drei wieder an Land.

Dort wartete jemand, der zu einer Gruppe gehörte, von der viel zu selten erzählt wird: die Petuh-Onkels. Opa Werner als maulfaul zu bezeichnen wäre die Untertreibung schlechtweg. Oft fuhr er die drei Freundinnen morgens zur Anlegestelle der Dampfer, suchte sich einen Parkplatz für seinen Opel-Rekord, nahm das Angelzeug aus dem Kofferraum und ging zur Hafenkante, wo zur richtigen Zeit Heringe zu fangen waren.

Oft traf er auf andere seines Alters, die er seit Jahren kannte. Er suchte sich einen Platz mit genügend Abstand, klappte seinen Hocker auf, warf die Angel aus und sah nach links und rechts. „Moin!“, hieß es, was mit einem knurrigen Brummen oder mit einem ebenso enthusiastischen „Moin!“ erwidert wurde. Man schwieg ein paar Stunden, zeigte sich die gefangenen Fische und nickte anerkennend, wenn sie groß genug waren. Nahte der Dampfer, wurden die Sachen zusammengepackt, der Eimer mit den Heringen in die Hand und der Hocker unter den Arm genommen. „Denn!“, sagte Opa Werner und die Nachbarn antworteten mit einem fast schon geschwätzigen „Moin!“. Wenn Oma Ida fragte, warum er zum Angeln an den Hafen ging, obwohl sie doch wahrlich genügend Heringe eingelegt hatten, antwortete Opa Werner folgerichtig mit: „Da kann ich mich auch mal unterhalten.“

Die Kall'schen Gärten

Wenn wir heute über Stadtplanung reden, reden wir über Wohnungsbau. Es geht nicht mehr darum, was die Bautätigkeit mit der Stadt oder dem Stadtviertel macht, wie sie den Charakter der Umgebung verändert. Es geht heute um „Cluster“, um scharf begrenzte Bereiche, in denen das Bauen koordiniert wird. Einer dieser Cluster ist das Gebiet Gartenstraße.

Westlich der Gartenstraße ist schön zu sehen, wie sich Stadtplanung im Laufe der Jahre verändert hat. Diese Straße war nämlich jahrzehntelang das absolute Stiefkind der Stadtplanung. Es gab Schlaglöcher, in denen der Sage nach Kleinwagen verschwunden sein sollen, und der Spielplatz, so sagten es die Gerüchte, war für Flensburger Drogenhändler so etwas wie der Bahnhof Zoo für Berlin. Die Stadt nahm sich des Gebietes an und heute sehen wir den Wohnkomplex Skolehaven, den man auch Skolegaarden nennt. Der Name ist das einzig Dänische (und vielleicht auch das einzig Attraktive, aber das ist sicher mal wieder Geschmackssache) an dem Wohnblock, der auf gut Deutsch Schulgarten heißt. Nichts mehr erinnert an die nicht immer glorreiche Vergangenheit des Quartiers, das auf drei Seiten von der Gartenstraße, dem Junkerholweg und der Duburger Straße begrenzt wird. „De norsche Kall“, wie man den in Norwegen geborenen Unternehmer und Stadtdeputierten Jakob Kall nannte, hatte in der Gartenstraße eine von zwei Flensburger Segeltuchfabriken aufgebaut, samt zugehöriger Wasserstampfmühle. Als Kall 1824 starb, verkaufte die Stadt die Fabrik, die kaum mehr in Betrieb war, samt zugehörigem Wohnhaus, meistbietend zugunsten der hinterbliebenen fünf Kinder.

Dazu gehörten die mittlerweile legendären Kall’schen Gärten, ein nach Zeitzeugenberichten ganz wunderbarer Park,

der über Terrassen von der höchsten Stelle, Ecke Duburger Straße und Junkerholweg, zur Gartenstraße hinunterführte. Der Park bestimmte zu dieser Zeit das Erscheinungsbild der Neustadt. Er wird von seiner Anmut her oft noch höher eingestuft als der Christiansenpark auf der feinen westlichen Höhe. Außerdem muss er einen beeindruckender Kontrast zu den ersten Industrieansiedlungen in der Neustadt geboten haben. Ende des 19. Jahrhunderts begann man oberhalb des Parks mit dem Bau der Duburgkaserne und auf einem Teil des ehemaligen Gartengeländes vom norschen Kall mit dem Bau der St.-Marien-Knabenschule II. Sie ist bis heute ein Kulturdenkmal der Stadt Flensburg.
Die sittliche Reife der Schüler war offenbar nicht gefährdet, als 1908 in der Gartenstraße 11 ein Bordell eingerichtet wurde, das mit Damen aus der Norderstraße besetzt wurde. Die nahe gelegene Duburgkaserne versprach genügend Umsatz.

Die alte Schule an der Duburger Straße im Jahr 2013.

Lange hielt sich das Gerücht, dass dieses Bordell unter dem Schutz der Polizei stehen würde, deren Angehörige dafür … nun ja, angeblich gewisse Vergünstigungen erhielten.

Heute gehen wir an den glatt gebügelten Gebäuden des Skolehaven vorbei, stöhnen vielleicht über den steilen Anstieg die Duburger Straße hoch, aber vom norschen Kall und seinem Garten, von den Sexarbeiterinnen in der Gartenstraße und vom vermeintlichen Drogen-Hotspot auf dem Spielplatz ahnen wir heute nichts mehr.

Vielleicht trägt diese kleine Geschichte ja dazu bei, Jakob Kall nicht völlig in der Versenkung verschwinden zu lassen, denn dass die Gartenstraße in „Kall'sche-Gärten-Straße“ umbenannt wird, wie es eigentlich historisch korrekt wäre, werde ich wohl nicht mehr erleben.

Mit der 3 nach Ostseebad

Hätte es Rudi Carells großen Hit „Wann wird's mal wieder richtig Sommer?“ ein paar Jahrzehnte früher gegeben, wäre er in den 50er-Jahren sicher zur heimlichen Flensburger Hymne geworden. Ganz egal, was manche erzählen: Die Sommer waren früher genauso bescheiden, wie sie es heute manchmal sind. Obwohl sich das gerade ändert. Wie auch immer. Auf alle Fälle lief in den 50er-Jahren im großen Nordmende Röhrenradio Freddy Quinn, der mit seinem Hit „Heimweh“ gerade Lys Assia mit „Arrivederci Roma“ abgelöst hatte.

In den Sommerferien fuhren wir, wir waren drei Geschwister, oft zu Oma und Opa, die in Friedheim ein Häuschen mit Garten hatten. Oma Meta, Kriegerwitwe und mit Opa Bernd seit ein paar Jahren in „wilder Ehe“ lebend, empfing ihre Bande am Gartentor und nahm uns Kinder strahlend in die Arme. „Das ist schön, dass ihr den Sommer hier bei uns verbringen wollt“, sagte sie, und als Mutter sie daraufhin fragend ansah, erklärte sie: „Das wird doch wieder ein Flensburger Sommer. Drei schöne Tage im Mai und danach regnet es bis Oktober.“

Nun, es wurden nur zwei Sonnentage im Mai und es regnete nur meistens. Und nur bis Ende September. Aber das hielt uns nicht davon ab, die Sommerferien zu genießen. Wir wohnten in Fruerlund, damals ein ziemlich neuer Stadtteil, der mitten im Grünen lag. Wir fühlten uns wie auf einem großen Abenteuerspielplatz. Wir litten an vielem, aber ganz gewiss nicht an Langeweile.

In den Häusern in Fruerlund wohnten meistens vier Familien. Zwei im Erdgeschoss und zwei in der ersten Etage. Und im Dachgeschoss gab es eine kleine Wohnung, in der häufig ein Junggeselle lebte, manchmal auch ein Fräulein oder ein kinderloses

Paar. Öffnete man die Wohnungstür, stand beinahe immer die Nachbarin im Flur. „Na du Rotznase, ist deine Mama zu Hause?“, hieß es und man musste sehen, dass man ohne Ohrfeige davonkam, wenn man ehrlich mit „Das geht Sie doch gar nichts an!“ antwortete. Hatte die Nachbarin aber erst einmal einen Fuß in der Wohnungstür, wussten wir Kinder, dass es beim Nachhausekommen eine Abreibung setzen würde, denn unsere Mutter wollte sich selbst aussuchen, wann sie sich am Haustratsch beteiligte.

In unserem Block wohnten unten Czibullas, die zwei Mädchen hatten, was meinem Bruder und mir meistens ganz gut gefiel. Und dann hatten sie noch einen Sohn, was zwar unserer Schwester gefiel, aber nicht unseren Eltern. Kurt Czibulla arbeitete bei der Brauerei und war bei allen Männern in der Nachbarschaft gut angesehen, weil er neben der Lohntüte jede Woche einen Kasten Bier mit nach Hause nehmen durfte. Neben ihnen wohnten die Bergers, die zwei erwachsene Söhne hatten, die wie ihr Vater auf der Werft arbeiteten. Die Bergers waren fast so alt wie unsere Großeltern und träumten schon seit Langem davon, dass die Söhne endlich ausziehen würden und sie in eine kleinere Wohnung umziehen könnten.

Neben uns im ersten Stock lebte Familie Christiansen. Herr Christiansen war bei der Sparkasse angestellt. Sie hatten zwei Jungen, die aber nur mit uns spielten, wenn wir weit genug vom Haus weg waren. „Mutter prügelt uns windelweich, wenn wir mit euch spielen, weil wir was Besseres sind“, sagten die Jungs, die in unserem Alter waren. „Wir warten ja nur noch auf das Grundstück, dann kriegen wir ein eigenes Haus.“ Auch wenn wir sie in solchen Momenten ziemlich doof fanden, spielten wir eigentlich ganz gerne mit den beiden.

In den Sommerferien war der Anlaufpunkt für uns Kinder, wenn wir nicht zu Oma Meta in den Garten gingen, unser Schrebergarten. Der lag nur ein paar Meter hinter der Ostlandstraße, kaum fünf Minuten von unserer Wohnung entfernt. In diesem Schrebergarten wurde kein Quadratzentimeter verschenkt. Zwischen den Stangen, an denen sich die Bohnen emporrankten, hindurchzugehen, war verboten, denn unter ihnen wurden Radieschen angebaut. Die Umzäunung des winzigen Teichs diente als Kletterhilfe für Gurken und Tomaten und die Terrasse der winzigen Laube war vollgestellt mit Töpfen voller Gartenkräuter. Der einzige Platz, der wenigstens ein bisschen der Entspannung diente, war die kleine Rasenfläche unter dem Apfelbaum, auf der Mutter uns eine Decke ausbreitete und wo wir selbst gemachte Limonade bekamen.

Ein großer Nachteil am Schrebergarten war allerdings die vorgeschrieben Höhe der Hecken. Über die musste man hinwegsehen können, damit die Gärten für jeden einsehbar waren. Nix mit Privatheit und Intimsphäre. So mussten wir ständig damit rechnen, dass uns Nachbarn die Sünden der vergangenen Tage vorhielten. Wir hörten ungefragt Kommentare zu unserem Waschverhalten, zu unseren Frisuren oder zum Essen, das Mutter servierte. Die fürnehme Frau Christiansen stand auf ihrem Höckerchen, lugte über die Hecke und ätzte: „Na ihr Kinder, gar keine Würstchen heute? Na ja, ist ja auch nicht alle Tage Sonntag, nicht wahr?“ Sie schnäuzte sich die Nase ganz und gar nicht damenhaft an ihrem Kittelärmel und setzte nach: „Wenn mein Mann nicht so gut verdienen würde, käme bei uns ja auch nicht jeden Tag Fleisch auf den Tisch.“ Das war die Gelegenheit für unsere Mutter, die Tür der Laube aufzustoßen und zu rufen: „Kinder, wollt ihr die Koteletts jetzt oder lieber zum Abendbrot? Dann gibt es jetzt nämlich Frikadellen.“

So verbrachten wir unsere Sommerferientage ziemlich glücklich zwischen Schrebergärten, dem Lautrupsbach, der Nordstraße und den umliegenden kleinen Waldstücken. Dabei zog es uns immer wieder zum Wasser. Wir hatten zwei Möglichkeiten. Die eine führte stracks den Tomatenberg runter und auf die Hafenkante. Da gab es zwar die Anlegestellen der Fischkutter, die Kohlehandlungen mit ihren großen Lagerplätzen und viel anderes Gewerbe, aber man konnte zwischen all dem Gewusel aus Gewerbe ans Wasser runter. Wenigstens die Füße konnte man in der Förde baden, auch wenn die nach dem Heimweg wieder so schwarz waren wie die Kohle am Hafen.

Der andere Weg führte uns nach Osten, nach Solitüde. Der hatte den Vorteil, dass wir an der Osterallee nach rechts abbiegen konnten, zu Oma Meta, wenn es plötzlich anfing zu regnen. Und dass es dort einen Badestrand gab. Was nicht mehr hieß, als dass vor dem Strand eine Bude stand, an der man Limonade oder Eis kaufen konnte. Für das richtige Sommerferiengefühl war Solitüde eindeutig geeigneter als der Hafen. Aber eben auch weiter weg.

Heute denkt man sich, das ist doch erst ein paar Jahrzehnte her, das kann doch gar nicht so anders als heute gewesen sein. War es aber. Die meisten Kinder in unserer Gegend hatten zwar Schuhe, aber die wurden in den Sommerferien geschont. Für die Schulzeit. Und wenn man rausgewachsen war, gingen die ausgelatschten Treter an die jüngeren Geschwister. Was Badehosen oder Badeanzüge waren, wussten wir gar nicht. Sobald wir schamhaft wurden, ließen wir die Unterhose an, wenn wir ins Wasser gingen, und die Mädchen auch das Unterhemd. Wer Taschengeld bekam, hatte am Beginn der Woche zwanzig Pfennige in der Tasche, vielleicht sogar fünfzig. Und das war für uns eine Menge, denn ein Wassereis am Kiosk in Solitüde kostete ganze fünf Pfennig. Niemals wären wir auf die Idee gekommen, für den Weg die Straßenbahn zu nehmen, die kostete nämlich auch fünf Pfennig.

Alles war ganz anders, wenn ein Familienausflug anstand, dann war die Straßenbahn Pflicht. Unser Vater war nämlich Straßenbahner, wenn auch nur im Kontor, dort, wo wöchentlich die Lohntüten für die Arbeiter gefüllt wurden. Wie in so vielen Familien ging unsere Mutter vormittags, wenn wir Kinder aus dem Haus waren, ein paar Stunden arbeiten, um das Familieneinkommen aufzubessern. Ein Glück war, dass die Mutter beim Kaufmann um die Ecke arbeitete und der Personalrabatt half, den Einkauf günstig zu halten. Eher hätten unsere Eltern einen ganzen Haufen Lebensmittel weggeschmissen, als am Strand einem von uns zu sagen: „Da musst du warten, bis wir zu Hause sind, das Essen ist aus."

Bereits am Vorabend des „großen" Tages wurde das Radio eingeschaltet, um mit Spannung die Wettervorhersage zu verfolgen. Stand die Chance auf trockenes und halbwegs warmes Wetter gut, wurden die Taschen gepackt.

In der Erinnerung ähnelte die Vorbereitung zum Badeausflug eher einem Umzug. Decken, Kissen, drei Sorten Sommerkleider für die Mutter. Ein von Opa Bernd selbst gebastelter Windschutz,

Übersichtskarte der Tourismusziele an der Flensburger Förde", 50er-Jahre.

der Schwimmring für die Kleine, die Schwimmflossen für die Großen und die Taucherbrille, die wir uns teilten. Berge von Handtüchern und sauberer Unterwäsche. Und dann, wenn die Taschen und Körbe fast überquollen, kam das Essen dazu. Belegte Brote mit Käse oder Salami. Gürkchen für unseren Vater, der ein Salamibrot ohne Gürkchen nicht hinunterbekam. Hart gekochte Eier, ebenfalls für ihn, und der gute Tubensenf, extra scharf. Weil Eier ohne Senf, das ging gar nicht. Dazu weich gekochte Eier für unsere Mutter und die Maggiflasche. Weil Eier ohne Maggi, das ging gar nicht. Für alle gab es Kartoffelsalat mit vielen Gurken und einem bisschen Fleischwurst. Außerdem Koteletts, Frikadellen, Kassler Nacken. Würste, gebraten und gekocht. Und schließlich mussten noch der große Topf mit roter Grütze und der kleine Topf mit Vanillesoße mit. Wir hätten mühelos eine mittelgroße Schulklasse oder eine Hochzeitsgesellschaft satt bekommen. Dabei ging es nur um uns und den Rest der Familie und Freunde, mit denen wir uns am Strand treffen würden.

So beginnt jede Erinnerung an den Familienausflug an den Strand mit betriebsamer Geschäftigkeit. Vater, der in der Diele die Taschen so packte, dass wirklich alles hineinpasste, und Mutter, die in der Küche den Kartoffelsalat fertig machte, Grütze und Vanillesoße kochte, Frikadellen und Kottelets briet. Und dazwischen wir Kinder, die allen im Weg standen. Aber je weiter der Tag fortschritt, desto wichtiger wurden wir. In den 50ern gab es schließlich keine Handys, es gab nur Kinder. Und Mutters altes Fahrrad. Uns wurden abwechselnd Zettel in die Hand gedrückt und wir wurden auf Kurierfahrt oder auf Botengang geschickt. Mal ging es zu Opa und Oma nach Friedheim, mal zu Tante Luzie auf die Rude. Oder zu Mamas Freundin Miene, die wir Tante nannten und die mit ihrer Familie in Mürwik wohnte. Wir freuten uns, wenn wir den weiteren Weg hatten, denn wer den kürzeren hatte,

musste zu Fuß los, während der andere das Fahrrad nehmen durfte. Oder man konnte den Tretroller nehmen, wenn der nicht gerade mit einem Plattfuß im Wäschekeller stand.
So sorgten wir Kinder mit unseren Fahrten und Gängen dafür, dass am nächsten Tag alles perfekt passte. Nicht nur wir hatten einen riesigen Eimer voll Kartoffelsalat dabei, sondern auch Oma Meta, Tante Luzie und die Miene. Und wenn einer den Senf vergessen hatte, konnte man fast sicher sein, dass niemand daran gedacht hatte. Je näher der Zeitpunkt der Abfahrt kam, desto gespannter wurde die Stimmung.
Unseren interessierten Nachbarn blieb nicht verborgen, dass bei uns die Vorbereitungen für den Ausflug zum Strand stattfanden. Der Geruch der brutzelnden Frikadellen zog durchs Treppenhaus, wir Kinder kamen und gingen bei unseren Botengängen, sodass eindeutig war, was da vor sich ging. Nur selten gelang es uns, Frau Christiansen davon abzuhalten, uns in die Wohnung zu folgen, wenn wir zurückkamen. „Nun, Frau Hansen, geht es mal wieder mit der Familie an den Strand?“, säuselte sie, drängte sich an einem vorbei und versuchte zu erspähen, was Mutter gerade in die Pfanne legte. Zugleich schätzte sie ab, was in den vorbereiteten Töpfen und Dosen war.
„Nee, Frau Christiansen, wir wandern aus nach Timbuktu“, antwortete meine Mutter, nahm sie resolut am Arm, zog sie wieder in Richtung Ausgangstür und schmiss sie hinaus. Kaum wagte sich einer von uns nach draußen, baute sie sich wieder vor uns auf und versperrte uns den Weg. „Wohin geht's denn morgen? Bestimmt nach Solitüde, oder? Mit so viel Krimskrams fährt man doch nicht durch die ganze Stadt, oder?“ Wir Kinder zuckten nur mit den Schultern, entweder weil es wirklich nicht wussten, wohin wir zum Baden fahren würden, oder weil wir die Christiansen nicht leiden konnten.

Und endlich kam der ersehnte Tag. Wenn wir Kinder wach wurden und wenn das Wetter ganz sicher trocken war, hatte Mutter meist einen Berg von Broten geschmiert und in Dosen verpackt, mehrere Kannen Kaffee gekocht und in Thermoskannen abgefüllt. Vater stand in der Diele und verstaute die nicht enden wollende Menge an Dosen in Taschen und Tüten, die wir nun umgehängt und in die Hand gedrückt bekamen. Kaum standen wir vor der Tür, öffnete sich das Fenster bei Christiansens und die Nachbarin überprüfte mit Kennerblick, was wir alles mit uns führten. „Guten Morgen, Herr Hansen“, sprach sie meist unseren Vater an, „geht es mal wieder nach Solitüde? Mit großem Gepäck?“

Unser Vater sprach nur selten, aber wenn, dann konnte er mindestens so schlagfertig sein wie unsere Mutter und als gebürtiger Flensburger schaffte er das auch noch in breitestem Petuh. „Da müssen Sie sich machen keine Gedanken um, Frau Christiansen. Wir wollen nur sehen, dass wir kommen raus an die schöne Luft und wech von all die Lästermäuler in die Nachbarschaft!“ Daraufhin schnappte Frau Christiansen nach Luft und sah fast so aus wie die Heringe, die Opa am Hafen aus dem Wasser zog und im Eimer mit nach Hause brachte. „Lästermäuler? Meinen Sie damit etwa mich?“, kreischte sie aus dem geöffneten Fenster. Vater grinste breit, zwinkerte unserer Mutter zu und antwortete: „Aber Frau Christiansen, wie kommen Sie denn nur darauf? So was sagt unsereiner doch nur so ganz allgemein.“ Er lupfte höflich den breitkrempigen Hut zum Gruß, nahm seine Taschen in die Hand und wir machten uns auf den Weg.

Auf dem halben Weg zur Haltestelle bemerkten wir die Jungs von Christiansen, die uns in gebührendem Abstand verfolgten. Vater vergewisserte sich, dass die beiden auch ja die Haltestelle

im Blick hatten, wenn wir in die 3 in Richtung Solitüde einstiegen. Wir Kinder wussten, dass Quengeln da nicht half. Vater hatte immer einen Plan. Und so auch an diesem Tag. Er schleuste uns am Schaffner vorbei, denn selbstverständlich musste keiner von uns bezahlen, wenn Vater dabei war. Dafür hatten wir allerdings kein Anrecht auf einen Sitzplatz, wenn es mal eng wurde. Wir Kinder rannten meist sofort nach ganz hinten und hockten uns gegen die Fahrtrichtung auf die harten Holzbänke, die Nasen an die Glasscheibe gedrückt. Voller Spannung erwarteten wir die erste Weiche, die die Bahn in den Schienen rumpeln ließ und uns, wenn die Bahn genügend Tempo hatte, von den Sitzen in die Luft katapultierte.
Bis zur alten Marinekaserne an der Osterallee waren es nur ein paar Stationen. Wir stiegen aus, obwohl die Bahn bis nach Solitüde weiterfuhr. Wir wechselten die Straßenseite und die Fahrtrichtung. Meist warteten dort Oma Meta und Opa Bernd auf uns, und wenn nicht, dauerte es sicher nicht lange, bis wir sie die Osterallee hinunter kommen sahen und wir Kinder ihnen entgegenlaufen durften, um ihnen die schweren Taschen mit dem Essen und den Decken für den Strand abzunehmen. Und wenn Tante Miene mit ihrem Mann und den Kindern ebenfalls einstieg, belegten wir gefühlt den halben Straßenbahnwaggon.
Die Fahrt ging einmal quer durch die ganze Stadt. Den Weg von der Osterallee bis zum Blasberg kannten wir Kinder ja gut, denn wenn das Wetter schlecht war, nahmen wir ihn, um Oma und Opa zu besuchen. Aber dahinter fing für uns die große weite Welt an. Schon das Kino hinter der Bismarckbrücke ließ es bei uns im Bauch kribbeln. Selbst wenn wir unsere zehn oder zwanzig Pfennige Taschengeld eisern sparten, dauerte es Wochen, bis wir uns einen Kinobesuch leisten konnten. Weiter ging es die Bismarckstraße hinunter bis zum Hafermarkt und in die

enge Angelburger Straße, wo sich ein Geschäft an das nächste drängte. Wir kamen uns vor wie Landkinder, die zum ersten Mal in der Stadt sind.

Es ging über den Stadtbahnhof hinweg und am Hafen entlang. Perspektivwechsel: Wir sahen uns bekannte Orte von der anderen Seite aus. „Guck mal, da zwischen den Silos, da haben wir doch letzte Woche noch Steine ditschen lassen. Und da hinten ist der Harniskai, wo sie uns weggejagt haben." Was für ein Glück, dass die Eltern so weit vorne saßen und uns ohnehin nicht zuhörten.

Es ging vorbei am Straßenbahndepot und damit an Vaters Arbeitsplatz. Ehrfürchtig sahen wir uns die alte Villa an, in der sein Büro lag, und winkten den Arbeitern zu, die auf dem Hof beschäftigt waren und trotzdem oft genug die Hand zum Gruß an die Mütze hoben. Ob sie unseren Vater erkannten oder ob sie aus lauter Freundlichkeit grüßten? Wer weiß? Endlich lag nur noch die Apenraderstraße zwischen uns und unserem ersten Ziel, der Endhaltestelle am Ostseebadweg.

Von dort aus war ein Fußmarsch angesagt, der mit all unseren Taschen und Eimern und Beuteln und Rucksäcken gut eine Viertelstunde dauerte. Am Strand angekommen, winkte Tante Luzie, die mit ihren Decken und Taschen einen Platz für uns alle reserviert hatte. Tante Luzies Mann war Taxifahrer und ließ es sich auch an seinen freien Tag nicht nehmen, mit dem eigenen Taxi zum Strand zu fahren, weshalb die beiden eigentlich immer als Erste vor Ort waren. Spätestens jetzt kamen Tante Miene mit ihrer Familie und gelegentlich noch andere Freunde unserer Eltern.

Aber all das bekamen wir Kinder gar nicht mehr mit, denn egal, wie kühl die Luft war, sobald wir am Strand waren, fielen die Hosen und Hemden und wir stürmten in unserer eingefärbten

Unterwäsche ins Wasser. Bei den ersten Schritten hieß es „Zähne zusammenbeißen“, aber sobald man einmal bis zum Hals drin war, wurde es sehr schnell warm. Oder die Kälte störte uns einfach nicht mehr. Jetzt gab es den „Ritterwettkampf“, bei dem möglichst ein Mädchen auf den Schultern eines Jungen saß und gegen ein anderes Pärchen antrat. Ziel war es natürlich, den Gegner zu Fall und ins Wasser zu bringen. Oder es gab ein Wettschwimmen rund um den Steg, bei dem allerdings kaum jemand schwamm, weil man den Weg ganz bequem und viel schneller zu Fuß durchs Wasser stapfend zurücklegen konnte. Und wenn uns das alles zu anstrengend wurde, suchten wir eben Muscheln oder Hühnergötter, Steine, die ein natürliches Loch hatten und an einer Kette aufgefädelt werden konnten. Wir fanden jedenfalls kein Ende, vor allem, wenn auch noch die Kinder von Czibullas auftauchten.

Irgendwann rief unsere Mutter zum Essen. An unserem Platz saß Vater mit den anderen Männern Skat spielend an einem Klapptisch, unter dem Tisch der Kasten Bier von Erwin Czibulla. Die Frauen saßen im Rund und waren damit beschäftigt, Unmengen von Essen auf Teller und Tabletts zu legen und zu verteilen. Wir Kinder fanden es normal, dass alle in sich hineinschaufelten, so viel eben reinpasste. Es hat viele Jahre gedauert, bis ich begriffen habe, was das Essen für unsere Eltern und ihre Generation bedeutete. Überleben!

Jeder der Erwachsenen, die auf den Decken saßen und den mehr oder weniger schönen Sommertag genossen, wusste, was Hunger ist. Unsere Mutter erzählte oft, dass sie und ihre Schwestern im Krieg mit einer Scheibe Brot am Tag auskommen mussten und dass jeder einzelne Bissen einhundert Mal gekaut wurde, bevor man ihn herunterschluckte, um so den eigenen Hunger zu überlisten. Der Vater erzählte gar nichts, wenn wir

ihn nach diesen Zeiten fragten. Wir spürten seinen Schmerz und fragten nicht weiter.
Hier am Strand zu sitzen, mit anderen zu lachen, Skat zu spielen und vor allem zu essen, das bedeutete für unsere Eltern Frieden und Freiheit und die Möglichkeit, das eigene Leben selbst zu bestimmen und zu planen, ohne dabei auf andere hören zu müssen. Das zeigte sich spätestens, nachdem wir alle reichlich zu Mittag gegessen hatten. Wir sahen die Christiansens vom Ostseebadweg her in Richtung Strand kommen. Deren Essenskörbe waren auch schon leer, das sah man daran, wie sie sie trugen. Sie waren auf Vaters List hereingefallen und waren nach Solitüde gefahren, wo sie vergeblich nach uns Ausschau gehalten hatten. Eine Zeit lang hatte Herr Christiansen, ganz Sparkassenmensch, sich durchsetzen können. Natürlich wäre es Unsinn, von einem Strand zum anderen zu fahren, dazu mit der Straßenbahn, was ja eine Menge Geld kostete, das man für den Hausbau brauchte. Aber am Ende siegte die Neugier seiner Frau, die es nicht aushalten konnte, dass sie nicht wusste, mit wem ihre Nachbarn den Tag am Strand verbrachten.
Das war der Moment, in dem meine Mutter mit einem falschen Lächeln, das dem von Frau Christiansen in nichts nachstand, aufstand und sagte: „Na so ein Zufall auch, die Christiansens. Das trifft sich ja gut, dass wir gerade los wollten und hier jetzt ein Platz für sie frei wird.“ Uns taten ihre Jungs leid, und wir flüsterten ihnen zu, dass wir jetzt zu unserer Oma fahren würden, was wir wirklich taten. Dort saßen die Erwachsenen unter Opas Pflaumenbaum und wir Kinder spielten unsere Ritterspiele in den weiten freien Flächen zwischen Friedheim und Mürwik. Und es dauerte sicher nicht lange, bis die Kinder von Christiansens dazukamen. Die bekamen natürlich genauso ihren Apfelsaft oder ihren Blechkuchen wie alle anderen.

Noch heute, so viele Jahre später, denke ich fröhlich, aber auch ein wenig wehmütig an diese Sommertage meiner Kindheit zurück. Es war nicht nur die Neugier von Frau Christiansen, die unsere Eltern von ihnen unterschied. Es war der Wille, ein anderes Leben zu leben. Christiansens lebten ein oder zwei Jahre später nicht mehr in unserem Haus, sie hatten nun ein Eigenheim. Unsere Eltern lebten bis zu ihrem Ende in der Wohnung, in der wir aufgewachsen sind. Nachdem wir Kinder ausgezogen waren, gab es Platz genug für die beiden. Und es war immer genug Platz für uns da, wenn wir sie am Wochenende besuchten. Unser Vater sagte irgendwann einmal: „Das Geld hat nur für eines gereicht. Entweder war ein Haus für uns drin, oder ein Fundament für das Leben unserer Kinder.“ Wir alle bekamen eine Ausbildung, die man getrost als Fundament bezeichnen kann und bei aller Rivalität unter Geschwistern sind wir bis heute eine richtige Familie.

Am Tomatenberg

Es ist noch gar nicht lange her, dass das Ausleeren des Fäkalieneimers in den Rinnstein und die Abholung dieser Eimer durch den Pferdewagen in Flensburg zum Alltag gehörten. Aber das war natürlich keine Lösung für die stetig wachsende Stadt Flensburg. Gerade mit des Kaisers Wunsch nach einer „schlagkräftigen" Marine wurden im Standort Flensburg mehr und mehr Menschen gebraucht. Es ging nicht nur um Soldaten. Schiffe mussten gebaut, gewartet und repariert werden, die Soldaten brauchten Kleidung und Essen, die Kasernen mussten gebaut und unterhalten werden und vieles mehr.

Also sagten die Flensburger wieder einmal „Wat mutt, dat mutt". Der Geheime Baurat Taats machte sich an die Arbeit und es wurde ein Klärwerk geplant, das allen Anforderungen der damaligen Zeit genügte. Aber des Kaisers Lust am Kriege machte Taats einen Strich durch die Rechnung. Während des Ersten Weltkriegs standen weder Geld noch Arbeiter zur Verfügung. Also stank es erst mal weiter.

Geld war nach dem Krieg auch keines da, aber mehr als genügend Arbeiter, denn all die Soldaten, die aus der Gefangenschaft nach Hause kamen, brauchten dringend Arbeit. Also wurden die alten Pläne modifiziert. Die große Pumpstation entstand nicht wie ursprünglich geplant in der Nähe des alten Kraftwerkes in der Karlstraße, sondern am Lautrupsbach, unterhalb es heutigen Volksparks. Aus Kostengründen verzichtete man vorerst auf die Trennung zwischen Oberflächen- und WC-Wasser und entschied sich stattdessen für die Schwemmklärungsmethode. Man wählte zudem statt der besseren biologischen die Frischwasserklärung. Zusätzlich wurde eine gigantische Pumpstation beim Nordertor und das Klärwerk oberhalb der Pumpstation am

Lautrupsbach geplant, ungefähr dort, wo heute der befestigte Aussichtspunkt im Volkspark liegt.
1919 begann man mit den Arbeiten, 1921 wurden sie vorläufig beendet. Nun kamen die üblichen Anlaufschwierigkeiten. Auch wenn die Stadt sofort anfing, alle Latrinen in städtischen Gebäuden gegen „Wasserclosetts“ (daher kommt übrigens die Abkürzung „WC“) auszutauschen, ließen sich die privaten Hausbesitzer damit Zeit. Die Stadt machte, was in solchen Situationen sinnvoll ist, sie kaufte große Mengen WCs, um den unvermeidlich anstehenden Preissteigerungen etwas entgegenzusetzen, und sie vergab zinsgünstige Kredite für den Umbau. So nahm das Klärwesen in Flensburg seinen Lauf.
Es ist beinahe unmöglich, all die Geschichten und Anekdoten zu erzählen, die mit dem Bau des ersten Flensburger Klärsystems zusammenhängen. Da müsste man auf die Unterschiede zwischen Druckleitungen und Gefällleitungen eingehen, von den vielen andern Pumpstationen, u. a. in der Rathausstraße berichten und vieles mehr. Grundsätzlich muss man aber eigentlich nur wissen, dass das, was in unseren Klos landet, nur nach unten fließen kann. Da man ein Klärwerk aber nicht in der Erde vergraben kann, muss der Dreck mit Pumpen in die Waagrechte oder nach oben befördert werden. Diese Pumpen nutzten bereits vor 100 Jahren die Bio-Energie des Klärschlamms, den sie für ihren eigenen Antrieb beförderten.
So landete ab 1921 all der Schiet aus unseren Häusern zusammen mit dem Regenwasser aus der damals spärlichen Kanalisation am Ballastberg, wo die Pumpstation ihn nach oben beförderte, zum Klärwerk. Man baute es weit oben über der Stadt, damit die entstehenden Gerüche niemanden belästigten, was auch bei Westwind funktionierte, weil es Fruerlund als Stadtteil noch nicht gab.

Die getrockneten Schlämme des Klärwerks musste man irgendwie loswerden. Da war es gut, dass sie als guter Dünger taugten. Es wurde eine Rutsche gebaut, auf der der Dünger nach unten in ein Lager fiel, das ungefähr dort war, wo sich jetzt der Parkplatz des DRK-Pflegeheims befindet. Der getrocknete Schlamm enthielt eine Zeit lang sehr viele Tomatenkerne, die die Menschen zwar gegessen, aber nicht verdaut hatten. Ja, anders als heute gab es damals richtige Tomaten, aus deren Kernen neue Pflanzen entstehen konnten. Diese Kerne lösten sich durch den oft heftigen Westwind beim Transport aus dem Dünger und wehten den ganzen Hang entlang, bevor sie niedersanken und zu neuen Tomatenpflanzen wurden. Angeblich war die Hangseite des Volksparks zu dieser Zeit manchmal leuchtend rot vor Tomaten und halb Flensburg versorgte sich dort mit dem frischen Gemüse. Seitdem heißt der Hügel am Lautrupsbach im Volksmund „Tomatenberg“.
Für die flüssigen, geklärten Abwässer baute man eine Betonleitung, die fast einen halben Kilometer lang war, und entließ das nun saubere Wasser bei der Ziegelei am Harniskai in die Förde. Die vielen Pumpstationen dienten nicht nur dem Betrieb der Kläranlage, in ihnen wurden auch Teile der Verwaltung untergebracht und Wohnungen geschaffen. So gab es zum Beispiel in der Pumpstation am Nordertor eine große gemeinsame Abrechnungsstelle, in der die Gebühren für Wasser, Strom, Gas, Abwasser und Müllabfuhr gemeinsam berechnet, eingezogen und auf die einzelnen Betriebe verteilt wurden.
Das Ganze ging so bis in die 50er-Jahre, als unter anderem in Fruerlund der heutige Stadtteil entstand. Auch Mürwik, Weiche, Engelsby und andere Teile der Stadt wuchsen. Eine steigende Geruchsbelästigung konnte nicht ausgeschlossen werden und so entschied man sich, ein neues Klärwerk in unmittelbarer Nähe zum heutigen Sonwik zu bauen. Dort hatte man nur die

Auf dem Foto das Klärwerk, wohl aus den Jahren 1919 oder 1920. Im Hintergrund sieht man die St. Jürgen-Kirche und links unterhalb von ihr das Gebäude, das heute der Offene Kanal Flensburg nutzt.

Marine als Nachbar, von der man wegen eventueller Geruchsbelästigungen keine scharfen Beschwerden zu erwarten hatte. 1962 wurde an der Stelle, wo vorher Flüchtlingsbaracken gestanden hatten, die neue Kläranlage eingeweiht. Die alte wurde abgerissen, das Gelände renaturiert und dem Volkspark zugeschlagen. Die Pumpstation am Ballastberg wurde umgebaut, sie musste den Klärschlamm jetzt ja nicht mehr nach oben, sondern waagerecht weiterbefördern. Bis heute ist diese Kläranlage in Betrieb und wird vom Technischen-Betriebs-Zentrum (TBZ) nach allerhöchsten Standards betrieben. Allein die Tatsache, dass die beliebten Flensburger Badestrände Ostseebad, Solitüde und Wassersleben in Sichtweite der Kläranlage liegen und trotzdem massenhaft genutzt werden können, spricht für die exzellente Arbeit der Frauen und Männer beim TBZ.

Opa Orgel

Es gibt durchaus Leute, die sagen, diese Orgel hätte ihr ganzes Leben lang nur auf ihn gewartet. Auf den Moment, in dem der Kirchenmusiker Fritz Popp, Organist an der Sankt Nikolai Kirche, der am 7. Juli 1961 zum Kirchenmusikdirektor berufen worden war, sich endlich an ihren Tisch setzt, die Register zieht und zeigt, was wirklich in ihr steckt.

Die Orgel stammt vom berühmten Hoforgelbauer Nikolaus Maaß aus Kopenhagen, den der dänische König Christian IV. und seine Gattin Anna Catharina von Brandenburg im Jahre 1604 extra für diesen Bau nach Flensburg entsandt hatten. Gut 100 Jahre später hat der noch berühmtere Arp Schnittger die Orgel zu einer Barockorgel um- und ausgebaut. Das prächtige Schnitzwerk stammte von Heinrich Ringeringk, den die Flensburger gerne „Ringeling" nennen und dem eine Straße im Westen Flensburgs gewidmet ist. Fünf Jahre brauchte er, bis er mit seinen Gesellen den 15 mal 7 Meter großen Orgelprospekt fertiggestellt hatte.

1877 brannte der Glockenturm und bei den Umbauarbeiten passte der Orgelbauer Marcussen sie erneut an, sodass aus der Barock- eine Romantikorgel wurde. 1922 folgte die letzte große Umgestaltung. Die Firma Sauer machte aus der historischen Orgel von 1604 ein monumentales Gerät, das den Ruf Sankt Nikolais als Zentrum der Bach-Pflege untermauern sollte. Aber nach all den An- und Umbauten gab es nur noch wenige, die diese Orgel überhaupt spielen konnten.

Wenn man Fritz Popp danach fragte, gab es in Wirklichkeit nur einen, der es konnte, nämlich Fritz Popp. Für ihn war die Orgel nicht nur ein Arbeitsplatz, sondern ein Teil seines Lebens. So war es ganz selbstverständlich, dass er bei seinem Amtsantritt 1961 nicht aus seiner Dienstwohnung direkt an der Nikolaikirche am Südermarkt auszog, obwohl er sich sicher etwas Feineres auf der westlichen Höhe hätte leisten können. Denn in dieser Wohnung gab es etwas, das er niemals jemand anderem überlassen hätte. Einen Gang aus der guten Stube direkt durch die Orgel hindurch auf die Empore der Kirche!

Und noch etwas gab es in Sankt Nikolai – dem Postsekretär Paul Voss, der eifrig dafür gesammelt hatte, sei Dank – nämlich ein Glockenspiel im Turm, dass weit und breit seinesgleichen suchte. Zur Zeit seiner Einweihung, 1909, war es das größte Glockenspiel Deutschlands gewesen. 17 prächtige Stahlgussglocken, jede Einzelne zwischen 115 und 923 Kilogramm schwer und jede mit einem eigenen Ton. Und dazu das Antriebssystem des Glockenspiels, von dem man bis heute jede Ausbaustufe sehen kann. Von der Muskelkraft, was in der winterlichen Kälte eine arge Plackerei gewesen sein muss, über den Elektromotor bis hin zum heutigen elektromagnetischen System ist immer noch alles da.

Bis heute klingen die Glocken um 9, um 12, um 15, um 18 und um 21 Uhr und erfreuen die Spaziergänger mit ihren Melodien. Bis auf die kurze Zeit während der Abstimmung über die Zugehörigkeit Flensburgs zu Deutschland oder Dänemark war das immer so. Da setzte ein kleinkarierter dänisch gesinnter Polizeichef durch, dass das Lied „Schleswig-Holstein, meerumschlungen“ nicht mehr gespielt werden durfte. Daraufhin stellte die Kirchengemeinde das Glockenspiel gleich ganz ein, bis auf weiteres, wie es hieß. Wenn Sie aber heute auf dem Markt stehen, kurz die Augen schließen und aufmerksam lauschen, dann hören Sie vielleicht „Dona nobis pacem“, „Schenk uns Frieden“ oder „Wem Gott will rechte Gunst erweisen“ oder gar, besonders schön in klaren Vollmondnächten, „Der Mond ist aufgegangen“. Und das alles geht ganz automatisch, kein Musikdirektor muss sich dafür in eine kalte Spielstube im Glockenturm begeben.

Lassen Sie mich aber auf Fritz Popp zurückkommen, denn der war nicht nur ein begnadeter Musiker, sondern auch ein Mensch mit viel Humor und dazu einer großen Portion Menschenliebe. Niemals ging jemand mit leeren Händen von seiner Wohnungstür weg, der dort um etwas zu essen gebeten hatte, was in dieser Zeit häufig vorkam. Popp gab gerne, obwohl er wusste, dass viele von denen, die sich bei ihm ein Wurstbrötchen oder eine Tasse Kaffee und ein Stück Kuchen holten, es mit dem Gesetz meist nicht so ganz genau nahmen.

Saß Popp also am Fenster seiner Wohnung und erkannte einen seiner Pappenheimer, wie der über den Südermarkt schlich und nach einer guten Gelegenheit Ausschau hielt, einem anständigen Bürger in die Tasche zu greifen, ohne dass dieser davon etwas merkte, so konnte es passieren, dass er an den kleinen Spieltisch trat, der eine Tastatur besaß, mit der man das Läutwerk im Glockenturm bedienen konnte, und es erschallte, völlig außerhalb der vorgegeben Läutzeiten, „Üb' immer Treu und Redlichkeit" über den Südermarkt und durch durch die Gassen der Innenstadt.

Und obwohl Ludwig Christoph Heinrich Hölty mit seinem Gedicht gar nicht die kleinen Gauner gemeint hatte, weil er wie Fritz Popp der Ansicht anhing, dass eher ein Kamel durch ein Nadelöhr ginge, als dass ein Reicher ins Himmelreich kommt, ließ wohl manch ein Langfinger sich davon einschüchtern und fragte doch lieber bei Popp nach etwas zu essen, als dem Nächsten in die Tasche zu greifen.

Legendär war auch Fritz Popps Gastfreundlichkeit. Direkt neben dem Südermarkt, in der Dr. Todsen Straße, lag die berüchtigte Pudding-Akademie, die Hauswirtschaftsschule der Stadt Flensburg. Hatten die Schülerinnen mal eine freie Stunde, zog es sie meist ins Café Maaß an der Ecke zur Angelburger Straße.

Nur gegen Ende des Monats, wenn das Taschengeld langsam knapp wurde, wurden diese Cafébesuche seltener und mussten am Ende sogar ganz ausfallen. Sah Fritz Popp aus seinem Fenster die jungen Mädchen über den Südermarkt schlendern,

Das ehemalige Wohnhaus der Kirchenmusiker im Nikolaikirchhof, Aufnahme von 2013.

setzte er sich oft an seinen Spieltisch und man konnte, vor allem bei schlechtem Wetter, das Glockenwerk „Ihr Kinderlein kommet“ läuten hören. So manch alteingesessene Flensburgerin blieb stehen, lauschte den Glockentönen und stieß ihrem Mann in die Seite. „Ob der Popp wohl gestern Abend ein Bier zu viel gehabt hat?“ Denn es war keineswegs Weihnachten, sondern gerade mal Mitte August und sommerübliches Flensburger Schmuddelwetter.

Die Mädchen von der Puddingakademie aber wussten Bescheid. Wenn sie bei Popp an der Tür klingelten, standen der Kaffee und die Kekse auf dem Tisch und weil viele von ihnen auch im Kirchenchor sangen, den Popp betreute, ging ihnen der Gesprächsstoff bis zur nächsten Unterrichtsstunde so schnell nicht aus.

Natürlich war Fritz Popp auch ein Familienmensch, der seine Kinder und Enkel über alles liebte. Ihnen konnte er keinen Wunsch abschlagen, Obwohl, keinen ist jetzt doch nicht ganz richtig, denn an seine Orgel ließ er selbst seine Liebsten nicht heran. Vor allem der Durchgang aus der guten Stube auf die Empore war für alle außer ihm selbst absolut tabu.

Wie bei anderen Familien in Flensburg gab es natürlich auch bei Popps Gespräche über Opas Beruf, über die Kirche und über Gott. Als die Enkel einmal fragten, ob der liebe Gott denn auch sonntags in die Kirche gehen müsste, lachten natürlich alle Erwachsenen und einer erklärte den Kindern, der liebe Gott sei sowieso immer in der Kirche, der brauche sonntags nicht extra dort hinzugehen.

So geschah es eines Tages, es muss wohl Weinachten gewesen sein, dass alle sich bei „Opa Orgel“, wie er im Kreise seiner Familie genannt wurde, versammelt hatten, um gemeinsam zum Gottesdienst, zur Christmette, zu gehen. Als es dann endlich so weit war, machten sich alle fertig und verließen aufgeregt die Wohnung, um die wenigen Schritte zur Kirchentür zu gehen. Alle bis auf Fritz Popp, der, wie immer in den feinsten schwarzen Anzug gekleidet, die Tür hinter seiner Familie schloss und direkt aus dem Wohnzimmer zu seinem Arbeitsplatz schritt.

Die Familie saß also in den Kirchenbänken und drehte die Köpfe, um zu beobachten, wie der Großvater sich an die Orgel setzte. Als Fritz Popp im Licht der hellen Weihnachtskerzen zwischen den glänzenden Orgelpfeifen aus dem Gang trat und an die Brüstung kam, um zu sehen, wie voll die Kirche war, platzte es aus einem der Enkel heraus und er fragte in die andächtige Stille des Kirchraums hinein: „Mama, ist Opa Orgel etwa der liebe Gott?"

Gerade wegen der andächtigen Stimmung in der Nikolaikirche hatten das beinahe alle Gottesdienstbesucher gehört, und aus den Reihen war ein unterdrücktes Kichern zu hören, als die Mutter ihrem Kind flüsternd zu erklären versuchte, was der Beruf des Großvaters war.

Als die Mette beendet war, gesellte sich Fritz Popp zum Küster und die beiden stellten sich mit den Spendensäckeln an die Ausgangstür, damit die noch Gelegenheit zur Kollekte bekamen, die es drin vielleicht vergessen hatten. Als ein Mann seufzend das Portemonnaie aus der Hosentasche zog, einen ziemlich großen Schein herauszog und ihn mit den Worten „Wenn jetzt schon der Chef persönlich sammelt, dann muss man ja wohl großzügig sein" in Popps Beutel warf, konnten die meisten Umstehenden das Lachen endlich nicht mehr unterdrücken.

Und Fritz Popp wurde den Spitznamen „Opa Orgel" zeit seines Lebens nicht mehr los.

Künstlerin Käte

Dass Käte Lassen zu Flensburg gehört, weiß jedes Schulkind, auch wenn es nicht auf die gleichnamige Schule geht. Die berühmte Künstlerin wurde am 7. Februar 1880 in Flensburg geboren. Ihr Vater war Juwelier, wie der Urgroßvater seit 1803 und der Großvater, der 1846 das mächtige Geschäftshaus am Holm kaufte. In der dritten Generation brachte es Hans Nikolai Jonathan Lassen, der genau so hieß wie die beiden Männer vor ihm, zum Hofjuwelier.

Er und seine Frau Emmy Henriette, eine geborene Iwersen, nannten ihre dritte Tochter Berta Katharina, kurz „Käte". Das Talent des Mädchens muss früh aufgefallen sein. Mit nur 18 Jahren studierte sie von 1898 bis 1902 an der Damenakademie des Münchner Künstlerinnenvereins bei Ludwig Schmid-Reutte, Maximilian Dasio und Angelo Jank. Und das, obwohl sie „nur" die Hamburger Gewerbeschule besucht hatte. Von 1902 bis 1904 bildete sie sich durch Privatunterricht bei Hugo von Habermann weiter. 1904 kehrte sie nach Flensburg zurück, wo sie bis zu ihrem Lebensende ein Atelier betrieb. Sie unternahm künstlerische Aufenthalte in Steinberghaff, Kopenhagen und Paris. Im Sommer hielt sie sich gerne in Dänemark auf, zum Beispiel in Klitmøller, Vorupør oder in Stenbjerg. Außerdem war Käte Lassen ab 1919 regelmäßig für längere Zeit in Berlin.

Sie war als Malerin und als Glaskünstlerin bekannt, kleine Zeichnungen bis hin zu riesigen Wandmalereien oder Kirchenfensterfronten sind erhalten. Nach und nach entwickelte sie sich vom Jugendstil über den Expressionismus bis zur neuen Sachlichkeit fort.

Nach dem Zweiten Weltkrieg warfen Kritiker ihr vor, in Auftragsarbeiten Kunst abgeliefert zu haben, die zu regimenah gewesen sei. Es handelte sich konkret um ein Bild für den damaligen Flensburger Polizeipräsidenten Konrad Fulda, der 1937 von den Nazis abgelöst wurde und offenbar selbst kein Nazi war. Außerdem fertigte sie für die Flensburger Credit-Bank ein Porträt Adolf Hitlers. Diese beiden Bilder befinden sich heute im Besitz des Flensburger Museums. Der „Nordische Schwertertanz“, ein mo-

Geschäftshaus der Familie Lassen, heute Eingang zum „Käte-Lassen-Hof“, um 1914.

numentales Wandgemälde nackter und lendenschurzbekleideter Jünglinge für das Jungenrealgymnasium Eckernförde nahm etwa 4,5 mal 9 Meter ein.

Nach dem Krieg lebte Käte Lassen hauptsächlich in einer für sie ausgebauten Atelierwohnung in ihrem Elternhaus am Holm. Käte Lassen starb 1956 in Flensburg, einige Jahre zuvor wurde die Schule in Jürgensby nach ihr benannt. Offenbar war sie nie verheiratet gewesen und hatte auch keine Kinder, sodass es wohl einer ihrer Neffen gewesen sein muss, der 1958 in dem Geschäftshaus Holm 51 ein Fotografengeschäft eröffnete, das sicher vielen Flensburgerinnen im Gedächtnis ist. Nach dessen Tod übernahm Anfang der 80er-Jahre die Optiker-Kette Fielmann die Räumlichkeiten.

Das Haus am Holm ist nach wie vor in Familienbesitz, die Familie bemüht sich, das Andenken an Käte Lassen zu bewahren. Im Zuge der Hofsanierungen wurde auch der Hof, den dieses prächtige Haus nach Westen hin abschließt, liebevoll restauriert und im Jahre 2005 in „Käte-Lassen-Hof“ umbenannt. Heute findet sich dort eine bunte Mischung aus Kunst und Kommerz, die zu besuchen sich lohnt. Vor allem, weil es dort mittlerweile auch ein Restaurant gibt.

Der falsche Amtsarzt

Wer weiß, wie diese Geschichte ausgegangen wäre und ob sie Flensburg überhaupt tangiert hätte, wenn nicht eine Sachbearbeiterin der Personalabteilung beim Oberlandesgericht Bremen Ende 1979 eine Spur zu aufmerksam gewesen wäre und festgestellt hätte, dass das Abiturzeugnis eines der Auszubildenden am Gericht eine Fälschung war. Aber lassen Sie uns von vorne beginnen.

Gert Postel wurde 1958 in Bremen geboren. Er ging mit dem Hauptschulabschluss von der Schule ab und erlangte seine Mittlere Reife nach dem Besuch einer Abendschule. Anschließend machte er eine Ausbildung zum Postboten. 1979 starb seine Mutter, wie er sagt, durch Suizid. Zur Erklärung all der Dinge, die er tat, führt er den Schmerz über den Tod seiner Mutter als Grund an. Er war davon überzeugt, dass die Unfähigkeit der Ärzte, die sie behandelt hatten, zu ihrem Freitod geführt hätte.

Im gleichen Jahr bewirbt sich der junge Mann um einen Ausbildungsplatz als Rechtspfleger am Amtsgericht Bremen. Nur vier Monate später fällt in der Personalabteilung auf, dass das Abizeugnis des Auszubildenden gefälscht ist. Die Geschichte nimmt ihren Lauf, Postel verliert die Stelle und bekommt die Auflage, ein paar Hundert D-Mark an eine gemeinnützige Einrichtung zu spenden. Von einer Jugendstrafe sieht das zuständige Gericht ab.

Bald darauf will Postel aus dem Elternhaus ausziehen, findet aber in Bremen keine Wohnung, die ihm angemessen und bezahlbar erscheint. Kurzerhand fälscht er erneut Dokumente und siehe da: Die Wohnungssuche gelingt. Und weil das so gut funktioniert hat, versucht er es gleich noch einmal und hat Erfolg. Aber diesmal hat er einen gefälschten Ausweis der Bremischen Zahnärztekammer

Das Flensburger Gesundheitshaus, Ansicht von der Norderstraße“, 2014.

benutzt und diese Fälschung fällt auf. Postel wird zur Zahlung von 30 Tagessätzen in Höhe von je 20 D-Mark verurteilt.

Postel besucht Psychologie- und Soziologievorlesungen an der Universität Bremen, sooft er nur kann. Er saugt das medizinische Fachvokabular und das Verhalten der approbierten Mediziner gleichsam auf. Bald fühlt er sich sicher, bewirbt sich um eine Stelle in einem Fachkrankenhaus für Psychotherapie in der Nähe von Oldenburg und weist sich dabei erstmals mit einer gefälschten Approbationsurkunde aus. Er bekommt die Stelle und arbeitet drei Monate in der Klinik, bevor er nach Bremen zurückkehrt. Hier arbeitet er in einer Stellvertretung als Notarzt und als Arzt in einem Rehabilitationszentrum. Aber das geht nicht lange gut und seine Vergangenheit holt ihn ein: Eine Richterin erkennt den jungen Mann wieder. Es kommt erneut zu einem Verfahren, Gert Postel zeigt Reue und das Gericht stellt das Verfahren gegen die Zahlung einer Geldbuße in Höhe von 600 D-Mark ein.

Nun beginnt die Geschichte, die Gert Postel mit Flensburg verbindet und die unsere Stadt weltweit in die Schlagzeilen bringen sollte. Das Ganze spielt sich im September 1982 ab, Postel ist zu dem Zeitpunkt gerade einmal 24 Jahre alt. Er hat viel Erfahrung im selbstsicheren Auftreten eines Arztes und bewirbt sich als „Dr. med. Dr. phil. Clemens Bartholdy“ um die Stelle des stellvertretenden Amtsarztes in Flensburg. Er behauptet, Sohn eines Medizinalrates und einer Medizinaldirektorin zu sein, und macht lückenlose Angaben zu seinem Werdegang und der Promotion. Alle Behauptungen zu Prüfungsergebnissen und Berufsweg belegt er mit gefälschten Urkunden. Postel schafft es, einen persönlichen Kontakt zu Amtsleiter Wolfgang Wodarg aufzubauen und dessen Vertrauen zu erlangen. Tatsächlich wird er eingestellt, obwohl seine Bewerbungsunterlagen nicht vollständig sind und er keine Originale vorgelegt hat.
Nur ein halbes Jahr arbeitet Gert Postel im Gesundheitsamt in der Norderstraße, aber er verändert einiges. Betroffene, die mit ihm zu tun hatten, sagen, dass sie in dieser Zeit zum ersten Mal wie Menschen und nicht wie Fälle behandelt worden seien. Die Praxis der „psychiatrischen Unterbringung auf Antrag“, bei der Gerichte auf Antrag der Stadt die Einweisung von Patienten in geschlossene Abteilungen psychiatrischer Kliniken beschließen, verändert sich in seiner Zeit radikal. Sein Chef, Amtsarzt Wodarg, lässt Postel an der langen Leine laufen. Ob das so ist, weil er mehr Energie in den Fortgang seiner politischen Karriere investiert oder weil er den jungen Mann für fachlich so kompetent hält, bleibt offen. Auf alle Fälle wird Wodarg später, ab 1994, viele Jahre lang für die Flensburger SPD im Bundestag sitzen,
Postels Karriere in Flensburg, die ihn unter glücklicheren Umständen durchaus zum Amtsarzt hätte machen können, bleibt kurz. Gert Postel strebt nach Höherem, er bewirbt sich an der

Universitätsnervenklinik in Kiel und bekommt eine Zusage. Ein paar Tage vor dem zum 1. April 1983 geplanten Stellenwechsel macht der falsche Amtsarzt einen fatalen und folgenreichen Fehler: Er verliert auf dem Flensburger Südermarkt seine Geldbörse. Eine freundliche Flensburgerin findet sie und bringt sie zur Polizei. Die Beamten staunen nicht schlecht, als sie in dem Portemonnaie Ausweise finden, die auf den Namen Clemens Bartholdy und Gert Postel ausgestellt sind. Und in beiden Ausweisen sind die gleichen Fotos.

Vermutlich wäre der Vorgang völlig folgenlos geblieben, wenn Postel nicht den Ausweis mit seiner wahren Identität bei sich getragen hätte. Die Polizisten hätten den falschen Amtsarzt anhand der Unterlagen erkannt, ihm das Portemonnaie ins Büro im Gesundheitshaus gebracht, eine Aktiennotiz über den Vorfall angelegt und die Sache wäre erledigt gewesen. So aber wird den Polizisten klar, dass da etwas ganz und gar nicht stimmen kann. Als sie den stellvertretenden Flensburger Amtsarzt deswegen zur Rede stellen wollen, stehen sie vor verschlossener Tür. Gert Postel hat sich abgesetzt.

Kurze Zeit später wird er von der Polizei in seiner Heimatstadt Bremen aufgegriffen und wieder einmal vor Gericht gestellt. Mehr als ein Jahr später, im Dezember 1984, wird Gert Postel wegen mehrfacher Urkundenfälschung, missbräuchlichen Führens akademischer Titel und Betruges zu einer einjährigen Freiheitsstrafe verurteilt, die das Gericht zur Bewährung aussetzt. Die milde Strafe begründet das Gericht unter anderem damit, dass Postel während seiner Tätigkeit „keinen nachweisbaren Schaden“ angerichtet habe. Ob das nun eine Würdigung der fachlichen Kenntnisse des Hochstaplers oder eher eine Ohrfeige für die damalige Arbeitsweise der psychiatrischen Medizin sein sollte, lassen die Richter wohlweislich offen.

Gert Postel hat nach seinen Betrügereien in Flensburg nicht damit aufgehört, anderen Menschen Dinge vorzugaukeln. Mit der Stelle an der Uniklinik in Kiel wurde es zwar nichts, aber schon bald fand er eine Anstellung an der Privatklinik des aus dem Fernsehen bekannten Professor Hackethal, später wurde er leitender Arzt im Maßregelvollzug in Sachsen. Man bot ihm sogar eine Professur an! Daraus wurde nichts, weil eine Ärztin an der Klinik Besuch von ihren Eltern aus Flensburg bekam, die Postel wiedererkannten.
Viel ist geschrieben worden, viel gelacht worden über Flensburg, die Stadt, die so naiv auf diesen Hochstapler hereingefallen ist. In der Nachschau muss man feststellen, dass Gert Postel sehr geschickt vorgegangen ist. Er hat persönliche Kontakte aufgebaut, Anfang der 80er-Jahre zu Amtsarzt Wolfgang Wodarg, sonst meist zu Frauen, und diese skrupellos ausgenutzt. Es ist viel darüber geschrieben worden, wie er die Schwächen von Menschen, deren Vertrauen er erworben hatte, ausgenutzt hat. Das alles sind Geschichten, die zeigen, dass Postel keineswegs ein charmanter kleiner Gauner nach dem Vorbild von Thomas Manns Felix Krull war, sondern ein Mensch, der seinem Egoismus und seiner Eitelkeit alles andere untergeordnet hat, selbst die Gesundheit anderer Menschen. Und besoders deren seelische Gesundheit.
Heute soll Gert Postel mit einer Juristin verheiratet sein und in Tübingen leben. Man kann sich eigentlich nur wünschen, dass er mit dem erfolgreichen Buch, das er über seine Lebensgeschichte geschrieben hat, und mit dem Verkauf der Film- und TV-Rechte genügend Geld verdient hat, sodass er sein Leben nicht mehr auf Kosten anderer aufpolieren und seine Persönlichkeit nicht mehr schönen muss. In Flensburg jedenfalls wird die Affäre „Dr. med. Dr. phil. Clemens Bartholdy“ unvergessen bleiben.

Einkaufsfahrt nach RITA

Bis heute verbinden viele Flensburger Ostern vor allem mit zwei Dingen. Mit einem großen Osterfeuer am Rand des Stadtteils und mit dem Ausflug zu RITA in Krusau an Karfreitag. Und mit dem vorhergehenden Gründonnerstag, an dem man gefälligst die Innenstadt zu meiden hat, denn an diesem Tag ist in Dänemark Feiertag und unsere Nachbarn nutzen das, um nach Flensburg zum Einkaufen zu fahren. Das sind nicht nur die Leute aus Sonderburg, Apenrade und den anderen Städten in der Grenzregion, an diesem Tag kommen sie aus ganz Jütland, ja teilweise sogar aus Seeland zu uns herüber.

Am meisten freuten sich natürlich die Geschäftsinhaber, denn es klingelten die Kassen wie kaum an einem anderen Tag im Jahr, wenn man von den Wochen vor Weihnachten einmal absieht. Und im Gegensatz zu den normalen Einkaufstagen, an denen die Menschen vor allem in Reisebussen kamen, die ihre Passagiere auf den Riesenparkplätzen der Läden „Otto Duburg“ oder „Poetsch“ zum Einkaufen ausspuckten, war der Gründonnerstag traditionell ein Tag, an dem viele Däninnen und Dänen in ihren eigenen Autos anreisten.

Manch ein Flensburger schlug sich entsetzt an die Stirn, wenn er an diesem Tag ohne nachzudenken nach Süden in die Apenraderstraße eingebogen war und merkte, dass sich der Stau bis in die Innenstadt hinein ziehen würde. Da gab es nur eins, abbiegen und wieder nach Hause fahren. Das Einkaufen war an diesem Tag ohnehin schwierig. Die Menschenmassen drängten sich dicht an dicht durch die Fußgängerzone, den Norder- und den Südermarkt und die anliegenden Gassen und Straßen. Wir Flensburger haben das ganz stoisch genommen. Jeder von uns kannte schließlich jemanden, der vom Tourismus lebte.

Der eine hatte eine Tante, die in einem Restaurant in der Innenstadt arbeitete, die andere war selbst bei „Uldall“, bei „Kepa“ oder anderen Geschäften beschäftigt, die an diesem Tag einen guten Umsatz machten. Vor allem, wenn das Wetter in der Osterwoche richtig gut war. Die Gäste kamen zwar auch bei Regen, aber gab es in Flensburg am Gründonnerstag strahlenden Sonnenschein, steckten die dänischen Kronen oder die eingetauschten Markscheine noch lockerer in der Geldbörse.
Und wenn am Donnerstagabend die Kirchenglocken den Karfreitag einläuteten, die Ladeninhaber ihre Türen schlossen und die Tageseinnahmen in Geldbomben zur Bank brachten, wussten wir Flensburger: Morgen, liebe Dänen, gibt es die Revanche!
Und genau so war es. Am Karfreitag klingelte der Wecker morgens ganz früh, und niemanden störte das, obwohl es Feiertag war und man hätte ausschlafen können. Die wichtigste Frage war: „Wie kommen wir dort hin?“ Mit dem Bus konnte man nah an die Grenze fahren und den kurzen Weg bei gutem Wetter bequem zu Fuß erledigen. Aber erstens kam man innerhalb Dänemarks nicht mehr weiter und zweitens konnte man kaum etwas einkaufen, schließlich würde man ja nicht die ganzen schweren Taschen zu Fuß bis zur Bushaltestelle unterhalb des „Hotels an der Grenze“ schleppen wollen. Also blieb nur die Anreise mit dem Auto, aber längst nicht jede Familie hatte damals ein Auto, ganz zu schweigen vom Zweitwagen und den kleinen Flitzern für die Kinder.
Auch unsere Eltern hatten die Anschaffung eines Autos hintenangestellt, aber schließlich hatten wir ja Oma und Opa. Die standen am Karfreitag pünktlich um halb acht bei uns vor der Tür. Einzupacken gab es da nicht viel, Einkaufstaschen, Netze und Tüten kamen in den Kofferraum und zwei von uns Kindern mit unserer Mutter auf den Rücksitz. Wer übrig blieb, musste –

oder eigentlich muss man sagen: durfte – mit unserem Vater zur Bushaltestelle und mit dem Bus zur Grenze fahren. Wenn das Wetter gut war, stieg man am besten in Kupfermühle aus dem Bus aus und legte den Rest des Weges zu Fuß zurück, denn für die wenigen Hundert Meter brauchte der Bus viel länger, selbst wenn man nur gemütlich schlenderte.

Meist trafen wir genau dort die Familie wieder, denn Opas Opel hatte sich schon in den endlosen Stau eingereiht, der sich erst an der Baracke auflöste, an der die dänischen Beamten die Pässe der Einreisenden kontrollierten. Für uns Fußgänger gab es einen eigenen Streifen. Wir schienen für die Zöllner ein kleineres Problem zu sein als unsere Verwandten im Auto. Papa wurde kurz mit geübtem Blick gemustert und für harmlos befunden, dann schaute der Uniformierte mich an. „Versprichst du, dass du dich in Dänemark ganz ordentlich benehmen und bestimmt keinen Unsinn machen wirst?“, fragte er mit seinem lustigen dänischen Zungenschlag und ich nickte. „Schwöre!“, sagte er und zwinkerte meinem Vater zu. Ich legte die rechte Hand aufs Herz und sagte feierlich: „Ich schwöre, dass ich mich in Dänemark gut benehmen werde.“ Der Zöllner lächelte, zauberte aus der Tasche seiner Uniformjacke ein Bonbon hervor, das er mir reichte, und im Handumdrehen waren wir in dem für uns fremden Land.

Meist waren wir vor neun Uhr in Krusau und die Läden hatten noch geschlossen. Wir sahen dem Personal zu, wie sie die Türen öffneten, die Werbeschilder vor die Gebäude stellten und Karussellautos heraustrugen, die für mich natürlich das Größte waren. Ich kletterte in einen VW-Käfer, Papa wollte gerade in die Tasche greifen und etwas von dem dänischen Kleingeld herausholen, das er von der Sparkasse geholt hatte, als eine nette junge Frau neben mir stand und eine Hand voll Öre-Münzen in den Apparat steckte. „Morgens muss das Auto erst mal eine Testfahrt machen“, sagte sie lächelnd und war wieder verschwunden, bevor wir uns bedanken konnten.

Inzwischen waren die anderen angekommen, hatten auf dem riesigen Platz hinter dem Gebäude von RITA einen Parkplatz gefunden und unser Einkaufstag konnte losgehen. Aber erst ging's zu RITA. Bei RITA gab es nämlich eine große Cafeteria für die Kunden. So etwas kannten wir in Flensburg kaum. Sicher, die Grenzmärkte, in denen die Dänen einkauften, hatten so etwas, weil ihre Kundschaft das gewöhnt war, aber für uns war das unheimlich aufregend. Es ging in den großen Saal, in dem die meisten Tische besetzt waren, Oma und Mutti machten sich an die Bestellung, wir mussten die Teller mit Brötchen, roter Wurst, Käse und Marmelade sowie die Getränke an den Tisch tragen. Gemeinsam frühstückten wir ausgiebig.

Was folgte, hassten wir Kinder: Wir wurden eingekleidet. RITA war zwar auf Lebensmittel spezialisiert, aber es gab auch alle möglichen anderen Dinge zu kaufen. So standen wir also neben einem riesigen Tisch mit Kinderpullovern – laut Plakat im däni-

Die deutsch-dänische Grenze in den 1950er-Jahren, im Hintergrund der Ort Krusau.

schen Stil, obwohl niemand wusste, was das sein sollte – und mussten einen nach dem anderen anprobieren, bis die Oma und unsere Mutter zufrieden waren. Wir bissen die Zähne zusammen. Während Mutter und Oma im Laden die Taschen und Körbe mit echten Spezialitäten aus Dänemark füllten, durften wir die vor dem Laden aufgebauten Figuren erkunden. Neben den Autos und dem Feuerwehrauto standen Elefanten, Giraffen und jede Menge Fantasietiere, die wir reiten durften.

Bald gesellte sich Opa zu uns, der mittlerweile im Spezialgeschäft seine Vorräte an dänischem Pfeifentabak aufgefüllt hatte und nun die erste Sorte in seine alte Handpfeife stopfte. Bald roch es süßlich nach Kirschtabak und meist dauerte es nicht mehr lange, bis der Großvater die Pfeife zur Seite und die Hände auf den Bauch legte. Sein Kinn sank auf die Brust und er fing leise an zu schnarchen.

Mutter und Oma Meta kamen aus dem Einkaufsmarkt und wir wurden eingespannt, die Einkäufe zum Auto zu tragen und zu verstauen. Gemeinsam machten wir uns auf zum nächsten Hot-Dog-Stand. Hätte es damals schon „Annies Kiosk“ gegeben, hätten wir uns sicher mit sieben Leuten ins Auto gezwängt, aber so waren es nur ein paar Schritte zu einem der Imbisswagen, die rund um RITA auf Touristen aus Deutschland warteten.

Die Auswahl war für uns Kinder kaum fassbar. Es kam nur die leuchtend rote „danske pölser“ infrage, auch wenn es Oma bei dem Anblick fast den Magen verdrehte. Wir aßen unsere heiße Wurst im labbrigen weißen Brötchen, weit vornübergebeugt stehend, weil spätestens nach dem zweiten Bissen Senf, Ketchup und Remoulade aus dem Hotdog quoll und uns auf die Finger tropfte. Man musste aufpassen, dass weder die Gurken noch die köstlichen Röstzwiebeln herunterfielen, und die Limonade musste warten. Mindestens bis die erste der leckeren dänischen

Spezialitäten geschafft war. Die Erwachsenen ließen sich Bratwürstchen auf ihre Hotdogs legen, wenn sie nicht, wie unser Vater, gleich eine knusprige Bratwurst mit Brötchen aßen.
Zurück am Auto musste alles für die Rückfahrt vorbereitet werden. Meine Eltern hätten sich eher die Hand abgehackt, als irgendetwas Illegales zu tun, und auch nur eine Tafel Schokolade zu schmuggeln, wäre für sie undenkbar gewesen. So wurden die Einkäufe sauber im Kofferraum ausgelegt, sodass der Zoll – diesmal mussten wir die deutschen Beamten überzeugen – schnell kontrollieren konnte, was wir eingekauft hatten. Da lag die gesalzene Butter, damals eine Spezialität, die nur in Dänemark zu kaufen war. Dort Opas Pfeifentabak, exakt die maximale Menge für Opa, Oma und unsere Mutter. Unser Vater musste die Dosen, die er über die Grenze bringen sollte, in einem Netz mitnehmen, denn die Höchstmengen galten nur für Personen, die gemeinsam im Auto saßen.
Wenn die knallroten Würstchen, Röstzwiebeln, dänischer Gurkensalat, Leberpastete, salziges und süßes Lakritz, das leckere dänische Weißbrot, die süßen Gebäckstücke, die uns Kindern das Wasser im Mund zusammenlaufen ließen, verstaut waren, ging die Fahrt wieder los. Die Kleinen kamen auf den Rücksitz und ich machte mich an der Hand meines Vaters auf den Weg zur Bushaltestelle. Die Rückfahrt ging flott und wenn wir zu Hause ankamen, waren Oma und Opa längst verschwunden. Meine Mutter hatte die Einkäufe verstaut und weggepackt und saß mit ihrem Strickzeug am Küchentisch. Mein Vater nahm sich eine Tasse Kaffee und die Zeitung vom Vortag und setze sich zu ihr. Und ich merkte, dass mir vor Müdigkeit die Augen zufielen. Ich schaffte es gerade noch ins Kinderzimmer, wo meine Geschwister tief und fest schliefen. Ich legte mich dazu und wusste: Der nächste Ausflug zu RITA würde kommen, das war so sicher wie das Amen in der Kirche.

Die Norderstraße

Einst gab es in Flensburg nur eine Straße von Süden nach Norden, die Hauptstraße. Die ging vom Südermarkt bis zum Nordertor, das bis Mitte des 16. Jahrhunderts auf Höhe der heutigen Norderstraße 122–147 stand. Schließlich wurde das Tor an seinem heutigen Platz gebaut, die Straße verlängert und auf der anderen Seite wurde die „Neustadt" angelegt. Da hieß die Siedlung um das Nordertor „Stadtfeld".
1845 gab es eine Volkszählung, bei der der Name Norderstraße erstmals erwähnt wurde. In dieser Zeit entstanden wohl auch die Große Straße, die lange Zeit „Breite Straße" genannt wurde, und der Holm. 1881 bekamen die Straßen Hausnummern (vorher hatte jedes Haus eine Nummer, unabhängig von der Straße) und seitdem gilt der Name Norderstraße als gebräuchlich.
Die Norderstraße war schon immer eine gemischte Einkaufs-, Wohn- und Gewerbestraße. Bäckereien, Modegeschäfte, Cafés, Galerien und Läden für alles Mögliche reihen sich bis heute aneinander. Wo gibt es in Flensburg sonst einen Laden für Bürsten oder für Kaffeevollautomaten? Die dänische Bibliothek und das Gesundheitsamt sorgen dafür, dass viele Leute in die Straße kommen, deshalb kann man wohl über ihre architektonische Tristesse hinwegsehen. Gleichwohl ist die Norderstraße mitten im Umbruch, als neuestes Opfer der Gentrifizierung, wie der Prozess genannt wird, der aus ursprünglichen Wohnquartieren hippe, aber kaum bezahlbare Szene-Kieze macht. Die ehemalige Diskothek „Roxy", in der einst „Geier Sturzflug" und andere Kultbands zu hören und zu sehen waren, ist heute ein ziemlich piefiges kleines Wohnquartier. Das ehemalige „Ministerium für frickelige An-

Das Eckhaus Norderstraße / Schlossstraße, Aufnahme etwa 1910.

gelegenheiten“, also das Haus, in dem „Trödel Pit“ Peter Liebmann seine Kunst praktizierte und hochwichtige Dinge zur Lösung (fast) aller Probleme verkaufte, ist heute generalsaniert und ähnlich langweilig wie all die anderen generalsanierten Häuser auch.

Heute trinken viele gerne mal einen Latte Macchiato in einem der neu entstandenen Cafés, aber sie vermissen das Ursprüngliche und manchmal das Schmuddelige, das diese Straße so lange so besonders gemacht hat. Merkwürdige Typen, die mit hochgeschlagenem Kragen aus dem Roxy Intim, dem Pornokino kamen oder auch die Hausbesetzerinnen und Hausbesetzer des Gebäudes, in dem sich heute die „Phänomenta“ befindet, die sich mit ihrer Besetzung das subkulturelle Zentrum am Hafermarkt erkämpften.

Ein wunderbares Beispiel für den (noch) halbwegs ursprünglichen Charakter der Norderstraße ist das Eckhaus zur Schlossstraße. Früher verkaufte Fritz Martensen in seinen

Geschäftsräumen Schokolade und Maggi, heute betreibt an genau der gleichen Stelle Peter Litau mit seinem Team den Computerladen „Bits und Bytes". Unmögliches wird sofort erledigt, nur Wunder dauern etwas länger und meist lässt sich hier preiswerter einkaufen, als im Tech-Center auf der grünen Wiese.

Dieses Haus, wie das nebenan liegende, in dem heute ein arabischer Friseur seine Dienste anbietet, ist fast exakt so erhalten, wie zu der Zeit, als diese schöne Aufnahme (vgl. S. 53) gemacht wurde. Hoffen wir mal, dass diese Häuser, von denen es in der Norderstraße einige gibt, uns lange erhalten bleiben und nicht durch glatt geschliffene, aber rentablere Neubauten ersetzt werden.

Die Leierkastenfrau

Sie ist sicher die bekannteste unter all den skurrilen Flensburger Originalen: Elsa Oehmigen, die in Flensburg liebevoll zuerst Mudder Öhmchen und später Omi Öhmchen gerufen wurde. Sie stammte aus einer Spielmannsfamilie und verdiente früh den Lebensunterhalt für sich und ihre Familie mit Straßenmusik an der vom Vater geerbten Drehorgel. Anfang der 1960er-Jahre kam sie nach Flensburg, das sie von gelegentlichen Besuchen her kannte.

Bis in die frühen Neunziger war Oma Öhmchen eine oft und gern gesehene Attraktion in der Innenstadt. Ihr rollendes Instrument kannte nur ein Stück und das hieß „La Paloma", aber ihren Zuhörern reichte es. Legte einer ein paar größere Münzen oder gar einen Schein auf den Teller, durfte er Sonderwünsche äußern. Oma Öhmchen streckte sich und begann mit ihrer kräftigen Reibeisenstimme zu singen. „Seemannsbraut ist die See – Und nur ihr kann er treu sein! – Wenn der Sturmwind sein Lied singt – Dann winkt mir der großen Freiheit Glück", schallte es über den Südermarkt und von allen Seiten kamen die Kinder und legten ihr den von den Eltern erbettelten Groschen auf den Teller.

Ganz besondere Zuneigung wurde manchmal Männern zuteil, die sie leiden mochte. Oma Öhmchen suchte eine Passantin heraus, meist die Angetraute des Glücklichen, die die Orgel zu drehen hatte, während Elsa Oehmigen mit dem Auserwählten ein Tänzchen in der Fußgängerzone wagte.

Zwar war die Innenstadt ihr Revier, aber es zog Oma Öhmchen auch immer wieder in die Stadtviertel. Da ging es sogar die steile Harrisleer Straße hoch und es wurde kein Hinterhof ausgelassen. Hier musste sie gar nicht singen, das erledigten die Frauen und Männer an den Fenstern für sie. „Seemanns Braut ist die

See…“, und es prasselten die Fünf- und Zehnpfennigstücke, die man in ein Stück Zeitungspapier einwickelte, damit sie zwischen dem offenen Fenster und dem Hofplatz nicht verschüttgingen. Man möchte gar nicht an den geplagten Rücken der damals ja schon nicht mehr ganz jungen Frau denken, der arg mitgenommen worden wäre, wenn da nicht stets Horden von Kindern um sie herum gewesen wären, die krähend mitsangen und nach der Aufführung die vielen kleinen Papierpäckchen aufsammelten und anständig bei ihr ablieferten.

Oma Öhmchen mit ihrem Leierkasten in einem Flensburger Hinterhof, etwa 1965.

Ein weiteres Feld für die umtriebige Frau waren private Feiern. Wer etwas auf sich hielt in Flensburg und Umgebung, der heuerte Oma Öhmchen für eine Hochzeit, seinen runden Geburtstag oder für die Taufe der Enkel an. Sie wurde abgeholt, schob als Höhepunkt der Feier ihre Drehorgel in den Raum und intonierte auch oft die La Paloma, zur Begeisterung der Anwesenden. Gerne blieb sie zum Essen, bei dem sie auch ein Likörchen nicht ausschlug und auf dem Rückweg verstaute sie die Drehorgel im Kofferraum eines Taxis.

Später, als die Gesundheit nicht mehr so mitspielte, musste Oma Öhmchen auf ihre Straßenkonzerte verzichten. Zu mühselig waren die Wege über die Flensburger Hügel geworden. Nur wenn das Fernsehen kam und „Norddeutschlands letzte Leierkastenfrau" filmen wollte, ließ sie sich ihre alte Drehorgel in einen Hinterhof schieben und stimmte noch einmal das Lied an, mit dem sie ihr Leben lang ihr Geld verdient hatte. Jetzt war sie so berühmt, dass es sich für sie sogar lohnte, sich mit ihrem Instrument in den Zug zu setzen und zur Kieler Woche nach Kiel zu fahren. Da brachte der Tag auf der Kiellinie trotz der Kosten für die Fahrkarte mehr ein als ein Tag in der Flensburger Innenstadt.

Gegangen ist Oma Öhmchen ganz still. 1989 wollten die Knie, die sie ihr Leben lang überall hingetragen hatten, zum ersten Mal nicht mehr so, wie sie sollten. Erst einmal kam sie wieder auf die Beine, es erklang ihre Drehorgel zumindest bei gutem Wetter wieder in der Stadt. 1992 erkrankte sie erneut und danach wurde es nicht wieder so, wie sie es gewöhnt war. Sie blieb auf fremde Hilfe angewiesen und konnte nicht mehr arbeiten. Im Februar 1995 ist Elsa Oehmigen 86-jährig gestorben. Ganz so, wie es Hans Albers in „ihrem" Lied besungen hat. „Einmal muss es vorbei sein, Einmal holt uns die See. Und das Meer gibt keinen von uns zurück."

Lehrer G.

Jeder kennt die großen Schulen in Flensburg, das Alte Gymnasium, die Auguste-Victoria-Schule oder die Goethe-Schule, die nachts angestrahlt wird und so auf dem Westufer von fast jeder Stelle aus zu sehen ist. Die kleineren Schulen hingegen kennt man im ersten Moment nicht unbedingt. Ob Fördegymnasium, Fridtjoff-Nansen-Schule oder Käte-Lassen-Schule, sie sind vor allem denen bekannt, die sie selbst besucht haben oder deren Kinder dort die Schulbank gedrückt haben.

Und dann gibt es eine Schule, die noch unbekannter ist und von der ich hier erzählen möchte. Es ist die Abendrealschule. Die gibt es seit vielen Jahrzehnten und mit ihr gab die Volkshochschule erwachsenen Männern und Frauen die Gelegenheit, die Mittlere Reife zu erwerben.

In den 80er-Jahren befand sich die Abendrealschule im Gebäude der Nikolaischule oberhalb der Nikolaikirche am Südermarkt. Fast alle, die dort zur Schule gingen, hatten tagsüber einen Beruf, dem sie nachgingen. Umso höher muss man die Leistung dieser Schüler bewerten, deren Unterricht viermal in der Woche – nur am Mittwoch war „schulfrei" – abends von 18 bis 20 Uhr stattfand. Die Klasse war eine kunterbunte Mischung verschiedener Menschen unterschiedlichen Alters. Da war die Hausfrau, die jung Mutter geworden war, der Postbote, der den Schulabschluss für die Karriere nutzen wollte, die städtische Angestellte, der mit der Mittleren Reife mehr Gehalt winkte, und nicht zuletzt der Bundeswehrsoldat, der mit dem Besuch der Abendschule eine Jugendsünde korrigieren wollte.

Und ich will gar nicht verschweigen, dass dieser Bundeswehrsoldat der Autor dieser Zeilen war. So trafen wir uns Abend für Abend, oftmals außerdem in Lerngruppen am eigentlich freien

Mittwoch. Einige Fächer, die an der regulären Schule völlig normal waren, fielen bei uns weg. Musik und Sport gab es nicht, das hätte wohl die Organisation der Schule überfordert. Aber nicht nur die Haupt-, auch die Nebenfächer waren für uns Pflicht. Mathematik, Deutsch und Englisch, dazu Biologie, Chemie, Erdkunde und Geschichte. Ein strammes Programm, denn in jedem Fach gab es mehrmals im Halbjahr Klassenarbeiten.

So etwas war nur zu schaffen mit Lehrkräften, die ihre Arbeit nicht als Beruf, sondern als Berufung verstanden. Ein Direktor, der jederzeit für ein Gespräch zur Verfügung stand und Fachlehrer, die mit Leib und Seele für den Erfolg ihrer Schüler brannten. Der Deutschlehrer, der tagsüber eine Teilzeitstelle an einer Tagesschule hatte, der Chemielehrer, dem der Ruhestand zu langweilig zu werden drohte, und die Englischlehrerin, die es schaffte, eine Horde von gestandenen, im Berufsleben stehenden Erwachsenen zum Singen von Englischen Volksliedern zu bringen.

Und einer war dabei, dessen Berufsleben zu dieser Zeit eigentlich schon lange vorbei war. Er lebt nicht mehr, deshalb kann ich mir sein Einverständnis für diese Zeilen nicht mehr einholen. Ich werde ihn einfach nur Herrn G. nennen. Herr G. war in den 80er-Jahren seit einigen Jahren in Pension und hatte, wie er eines Abends erzählte, mit seiner Frau den Entschluss getroffen, ein paarmal in der Woche abends zu unterrichten. „Du bist ja ganz unerträglich, wenn du keine Schüler hast, denen du etwas beibringen kannst“, hatte sie gesagt und am nächsten Morgen war er zur Volkshochschule gegangen und man war sich schnell einig geworden.

Nun unterrichtete Herr G. also unsere Klasse in Erdkunde und in Biologie. Das war durchaus unterhaltsam. Herr G. war Flensburger mit Leib und Seele und neben seinem gewaltigen Wissen und der Fähigkeit, dieses Wissen an andere weiterzugeben, machte sein angeborener Witz den Unterricht bei ihm so unvergesslich. Als es in der Biologie einmal um das Auge und um dessen Aufbau ging, kamen bei einigen von uns Fragen auf, die sich anhand der Bilder im Buch nicht so einfach beantworten ließen. Herr G. ging zu seinem Platz hinter dem Lehrertisch, nahm ein schmales Kästchen heraus und sagte: „Ich weiß gar nicht, ob ich Ihnen das schon einmal erzählt habe, aber ich habe im Krieg ein Auge verloren und trage seitdem ein Glasauge." Er stellte das Kästchen auf den Tisch und griff sich ins Gesicht, als wolle er sein Glasauge aus der Höhle nehmen. Die Stille im Klassenraum war erdrückend, nur einige Schülerinnen stöhnten vor Entsetzen leise auf. Herr G. grinste uns an, nahm das Kästchen wieder in die Hand, öffnete es und holte das wunderbar genaue Modell eines menschlichen Auges heraus, das die Künstler in einer Firma für Schulpräparate angefertigt hatten. So lernten wir nicht nur den Aufbau des Auges kennen, sondern verstanden, welche Folgen es hat, wenn einem eines fehlt und man ein Glasauge tragen muss. Denn auch davon erzählte Herr G. uns in seiner warmherzigen Art,

In Erdkunde hatte er eine konsequente Art, den Stoff zu vermitteln. „Geografie heißt lernen, lernen und nochmals lernen", sagte er oft und verteilte Karten, auf denen Flüsse, Städte, Berge und Grenzen eingezeichnet waren, ohne sie zu benennen. Wenn ich die europäischen Hauptstädte oder die rechten Nebenflüsse der Donau selbst heute aus dem FF hersagen kann, dann verdanke ich das diesen Karten von Herrn G. In den „Klassenarbeiten" wurden die nämlich ebenfalls verteilt. Die einzelnen Elemente waren mit Groß- und Kleinbuchstaben oder mit römischen und arabischen Ziffern gekennzeichnet und mussten am Rand aufgezählt werden. A-B-C – Warschau, Prag und Wien, I, II und II – Altmühl, Naab und Regen.

Wenn wir aber unseren Stoff beherrschten, wurde es interessant. Herr G. berichtete von den Reisen, die er mit seiner Frau gemacht hatte, nach Afrika und Asien, in den europäischen Süden und in den ganz hohen Norden. Und zu jedem Land gab es interessante Informationen, die in uns den Wunsch weckten, selbst einmal hinzufahren. Es ging nicht mehr um die Höhe der Berge oder die Länge der Flüsse, sondern darum, warum manche Völker zur Begrüßung die Nasen aneinander reiben und andere sich nach komplizierten Ritualen verbeugen. Diese Stunden, das merkte man sehr deutlich, liebte Herr G. mindestens ebenso sehr wie wir auf unseren Schulbänken.

Stets verlangte er Leistung von seinen Schülerinnen und Schülern, aber er ließ sein Herz sprechen, wenn es wichtig war. Einer aus unserem wilden Haufen hatte ziemliche Prüfungsangst. Im Unterricht war er immer einer der Besten, bei Klassenarbeiten ließ er schon ein wenig nach und bei mündlichen Prüfungen schlotterten ihm nur so die Knie. Es ergab sich nun aber, dass er, nennen wir ihn der Einfachheit halber Herr Hansen, nach der Abschlussprüfung in Biologie in die mündliche Prüfung musste, so wie der Schreiber dieser Zeilen auch.

Uns dreien – einer Schülerin und zwei Schülern – gegenüber saßen Herr G., neben ihm in der Mitte der gestrenge Schulrat und auf der anderen Seite unser liebenswerter Schulleiter. Die Befragung des Schülers Hansen drehte sich um das Verdauungssystem und lief gar nicht mal schlecht, bis es zur letzten Frage kam. „Herr Hansen, sagen Sie uns doch noch schnell, welchen Teil des Verdauungssystems die Nahrung durchläuft, wenn sie aus dem Magen kommt", fragte der Schulrat. Herr Hansen war mit der Antwort so flott wie ungenau: „Den Darm, Herr Schulrat." Der lächelte. „Ja, das nehmen wir als gegeben. Aber welcher Teil des Darms?" Betretenes Schweigen auf beiden Seiten des

Tisches folgte, bis Herr G. dem verzweifelt Grübelnden zur Hilfe kam. „Herr Hansen, das können Sie sich doch an ihren zwölf Fingern ablesen, oder?“ Die Erkenntnis blitzte in Herrn Hansens Augen auf. „Der Zwölffingerdarm, Herr Schulrat.“ Jetzt sah der Prüfungsleiter zuerst zu Herrn G., dann zum Schulleiter und wieder zurück zu Herrn G. „Haben Sie gerade gesagt ‚an Ihren zwölf Fingern ablesen‘?“, fragte er verunsichert. Herr G. schüttelte den Kopf. „Nein, das können Sie sich doch an Ihren zehn Fingern ablesen, habe ich gesagt“, antwortete er und der Schulleiter unterstütze ihn mit wildem Kopfnicken. So kam es, dass

Die Nikolaischule am Südermarkt wird noch heute von der Volkshochschule als Unterrichtsgebäude genutzt.

Herr Hansen trotz seiner Prüfungsangst die Mittlere Reife mit guten Noten abschloss. Und Herr G. hatte einen weiteren Stein im Brett bei den Schülern, die ihn verehrten.

Aus welchem Holz Herr G. geschnitzt war, merkte man am besten, wenn man ihn in einer Ausnahmesituation erlebte. Am Tag der Prüfung standen wir Prüflinge aufgeregt auf dem Hof vor dem Schulgebäude, bereit, die abschließende Arbeit zu schreiben. Herr G. kam von oben, vom Südergraben her, in der einen Hand seine alte braune Aktentasche, in der anderen Hand eine Plastiktüte vom Lebensmittelmarkt. Er nickte freundlich und wollte zwischen uns die Treppe hinauf ins Schulgebäude steigen. Da sahen wir, was sich in seiner Plastiktüte befand: Abfall. „Na, Herr G., geht es heute in der Arbeit um Mülltrennung?“, fragte einer von uns. Herr G. sah verwundert auf die Tasche in seiner Hand, stellte sie auf den Boden, fasste sich mit der nun freien Hand an den bloßen Kopf und sagte leise, aber für uns alle verständlich: „Da hab ich wohl bei all dem Aggewars wegen der Prüfung meinen guten Hut in den Müllcontainer geworfen!“ Er nahm die Tüte wieder auf und trug sie zum Abfallbehälter, bevor er in aller Seelenruhe an seinen Arbeitsplatz ging. Wir haben uns viele Jahre lang gefragt, ob er an dem Tag wirklich so zerstreut war oder ob er uns auf den Arm genommen und einen seiner trockenen Witze gerissen hat.

Ein paar Jahre später, ich hatte längst nichts mehr zu tun mit der Bundeswehr und war beruflich häufig außerhalb Flensburgs unterwegs, erfuhr ich, dass Herr G. verstorben war. Ich nahm mir am Wochenende die Zeit, zum Friedenshügel zu fahren, um mich persönlich von ihm zu verabschieden. Von einem Lehrer, wie es ihn heute wohl nur noch selten gibt. Von einem Lehrer wie ihn hoffentlich viele von uns kennengelernt haben. Bei manch einem mag es vielleicht auch eine Lehrerin gewesen sein.

Baustelle Flensburg

Wohnungsnot ist keine Erfindung des 21. Jahrhunderts, bereits im Mittelalter stöhnten die Städte unter dem Zuzug der Landbevölkerung, weil sie nicht genügend Wohnraum hatten.
Zu Beginn des 20. Jahrhunderts war das Problem gewaltig. Menschen schliefen in Flensburg, so wie in anderen Städten auch, soweit die Witterung es zuließ, auf der Straße, um den Wucherern zu entkommen, die einzelne baufällige Zimmer zu Mondpreisen vermieteten, oft an mehrere Personen und im „Schichtbetrieb". Die hygienischen Verhältnisse waren katastrophal, Kinder wurden lungenkrank, weil die Unterkünfte verschimmelt waren, und das Ungeziefer sorgte zusätzlich für Krankheitswellen.
Die Stadt fasste die Ursachen für die Wohnungsnot im Nachhinein, 1926, so zusammen:

- Völliges Darniederliegen des Wohnungsbaus während des Krieges und der darauffolgenden Zeit.
- Die hohe Zahl derer, die wegen des Krieges geheiratet hatten.
- Das „natürliche Wachstum", es gab eine Boomer-Generation.
- Die aus Nordschleswig übergesiedelten Beamten und Flüchtlinge mit ihren Familien.
- Die steigende Zahl von Offizieren und verheirateten Mannschaften bei der Armee und der Polizei.
- Die Räumung der Wohnungen in Kasernen. Zivilbeschäftigte mit ihren Familien mussten Platz für die Offiziere machen.

Die Stadt ging die Probleme an. Es wurde eine Wohnungszwangswirtschaft beschlossen, was sich spätestens mit dem Einsetzen der Hyperinflation als goldrichtig erwies. Jetzt konn-

Fassade eines Mietshauses an der Mommsenstraße, 1925.

ten Wohnungen zwangsweise durch die Stadt angemietet und an Familien weitergegeben werden, die ohne eigenes Verschulden in Not geraten waren. Hauseigentümer, die ihre Häuser verfallen ließen, wurden zweimal aufgefordert, gegen den Verfall anzugehen. Danach nahm die Stadt „Ersatzvornahmen" vor. Sie ließ die Häuser sanieren und stellte die Kosten den Eigentümern in Rechnung. Weigerten Vermieter sich standhaft, leer stehende Räume zu Wohnraum umzuwandeln oder freien Wohnraum zu vermieten, wurde enteignet!

Die Stadt förderte private Wohnungsbauinitiativen wie z. B. die Beamten-Heimstätten-Genossenschaft, den Flensburger Arbeiterbauverein, die Siedlungsgenossenschaft Friedheim und viele weitere mit Grundstücken zu günstigen Preisen, verkürzten Antragsverfahren und mit soliden Zuschüssen. Zugleich wurde 1922 mit einem Stammkapital von 100.000 Mark die Wohnungsbaugesellschaft Flensburg GmbH gegründet, die 2006 für 115 Millionen Euro verkauft wurde.

In der kurzen Zeit zwischen dem Ende des Krieges 1918 und 1925 muss ganz Flensburg wie eine einzige Baustelle ausgesehen haben. Es entstanden an allen Ecken und Enden neue Wohngebiete und Häuser, von den schönen kleinen einzeln stehenden Häuschen in Friedheim über die wunderschöne Siedlung an der Parkstraße bis hin zu den großen Mietskasernen in der Mommsenstraße und der Glücksburger-Straße. Dazu kamen die einfachen, aber modernen Häuser in der Harrisleer Straße und die „Baracken“ in der Apenrader Straße, die ausdrücklich keine langfristige Lösung sein, sondern die Not wenigstens einigermaßen abfangen sollten. Das gelang. Nach und nach wurde die Zwangsbewirtschaftung zurückgefahren und Flensburg lebenswerter.

Nach 1945 war Flensburg in einer ähnlichen Situation, als die überlebenden Opfer des verbrecherischen deutschen Krieges in Massen über die Ostsee kamen. Viele zogen von Flensburg aus in ihre neue Heimat, dorthin, wo sie Verwandte oder Freunde hatten, oder wo sie wenigstens Arbeit finden konnten, um ihre Familien über Wasser zu halten. Viele blieben aber auch. Die Bevölkerung stieg stark an, die Verhältnisse waren nicht mehr tragbar. Nun kam Willi Sander zum Zuge. Als Initiator und Gründer des SBV war er das Herz und die Seele des Flensburger Wohnungsbaus nach dem Zweiten Weltkrieg. Ihm verdanken wir nicht nur den Stadtteil Fruerlund, sondern auch Wohnungen und Infrastruktur in vielen andern Stadtteilen.

Damals wurde zwar gebaut, um schnell Wohnungen zu schaffen, aber die Ästhetik kam nicht zu kurz. Eigentlich sind die Bauten der damaligen Zeit wunderschön. Jedenfalls verglichen mit der Banalarchitektur, die uns heute an allen Ecken und Enden begegnet. Wie gut, dass diese Häuser erhalten sind.

Der Mann mit der Fernbedienung

Er war eines der eher stillen Flensburger Originale, doch trotzdem konnte ihm niemand entkommen, der in den 80er-Jahren durch die Fußgängerzone ging. Auf der Höhe von Sport Jürgensen, an der Ecke vom Holm zur Rathausstraße, flitzte einem ein Spielzeugauto zwischen den Füßen durch. Manchmal war das ein selbst gebastelter Bus aus Pappe, der laut seinem Schild nach „Sone Tüte“ statt nach Solitüde fuhr. Und manchmal rollte eine selbst gebastelte Ente. Und immer in der Nähe: der unauffällige Mann, der in den Händen, die er hinter dem Rücken verschränkte, die Fernbedienung trug, mit der er seine Gefährte durch den Fußgängerstrom lenkte: Kurt Eiffert.

Viel wissen wir heute nicht mehr über Eiffert und ab den 90er-Jahren sah man ihn immer seltener in der Fußgängerzone. 2016 ist er einmal auf der Strandpromenade in Glücksburg gesehen worden, wie er, in der für ihn so typischen leicht vornübergebeugten Haltung, Kinderaugen mit seinem Fernlenkauto zum Leuchten brachte.

Die Kinder freuten sich und jauchzten, wenn sie seinen Autos hinterherjagten, ohne sie jemals zu erwischen. Dazu war er an seiner Fernbedienung zu geschickt. Niemals habe ich mitbekommen, dass er jemanden anfuhr oder dass ein Kind seinen Wagen zu fassen bekam, ohne dass er es zuließ. Die Kinder störte das nicht, sie jagten den Autos mit einer Engelsgeduld hinterher, auch wenn sie sie nie erwischten.

Nur ganz selten einmal zog es Kurt Eiffert an die Holmnixe, zum Südermarkt oder gar an den Nordermarkt. Sein Revier war der nördliche Teil des Holms. Dort, zwischen Kreissparkasse, Schlachter Clausen und Stadtsparkasse auf der einen und Hertie, dem Gnomenkeller und Sport Jürgensen auf der anderen

Seite, fühlte er sich wohl, dort wollte er den Menschen Freude machen.
Dabei schien es, als sei er menschenscheu. Sprach ihn jemand an, grüßte er freundlich, ließ sich aber nur sehr selten auf ein Gespräch ein. Er mochte nicht im Mittelpunkt stehen, das war der Platz für seine Fahrzeuge. Wurde er doch einmal von Passanten umringt, machte er sich meist ganz unauffällig aus dem Staub. So wie er aus dem Nichts aufzutauchen schien. Man erzählte sich dies und das über Kurt Eiffert. Lehrer in Tarp soll er gewesen sein oder Pastor in Glücksburg oder aber Rabbi in Flensburg. Was auch immer er gewesen war, er muss einen Beruf gehabt haben, der es ihm erlaubte, sehr oft in die Fußgängerzone zu kommen und seine Autos fahren zu lassen.
Eins steht fest, er hatte ein großes Herz für Kinder. Es kam regelmäßig vor, dass ein Kind vor Aufregung nicht genau hinschaute, wenn es Kurt Eifferts Auto hinterherlief und auf die Nase fiel.

Flensburger Fußgängerzone, Große Straße, im Hintergrund die Marienkirche, 1974.

Vor der großen Renovierung der Fußgängerzone war der Boden richtig hart, jedenfalls härter als die Knie der Kinder. Da flossen oft mal die Tränen. Doch genauso oft versickerten die wieder, wenn plötzlich ein Auto, eine Ente oder ein Bus auf den kleinen Pechvogel zurollte und genau vor seinen Füßen anhielt. Da lag dann, je nach Jahreszeit, ein Schokoladen-Osterhase, eine Tüte Brausepulver oder ein Lolli drauf, der die Kleinen den Sturz meist schnell vergessen ließ. Das waren die einzigen Momente, in denen die Kinder Kurt Eifferts Auto anfassen durften.

Niemand scheint zu wissen, ob Kurt Eiffert noch lebt. Wenn er in den 80er-Jahren zwischen 40 und 50 Jahre alt war, müsste er heute auf die 90 zugehen. Von dem Auftritt in Glücksburg im Jahr 2016 gibt es Fotos, auf denen er wie ein rüstiger Endsiebziger wirkt, das könnte passen. Aber auch wenn er nicht mehr unter uns ist, so steht fest: Vergessen werden wird Kurt Eiffert in Flensburg so schnell nicht.

Studium unbeschwert

Wenn ich heute die Mürwiker Straße entlang gehe, scheint es mir ganz normal zu sein, dass auf Höhe des Stadions ein großes Einkaufszentrum und ein fast ebenso großes medizinisches Versorgungszentrum sich dicht an eine Wohn- und Pflegeeinrichtung für Senioren schmiegt. Auf der Rückseite befindet sich ein Wohngebiet, das an den Sportplatz grenzt. Das Ganze scheint auf dem großen Gelände organisch gewachsen zu sein. Dabei war es erst in diesem Jahrtausend, 2002, dass die Universität Flensburg diesen schönen Platz am Volkspark verlassen hat und auf das neue Hochschulgelände am Sandberg umgezogen ist. Vorher wurden hier über 40 Jahre lang, von 1959 bis 2002, Lehrerinnen und Lehrer ausgebildet. Und viele in Flensburg haben in der PH, der Pädagogischen Hochschule, wie die Uni damals hieß, ihre ganz persönlichen Erfahrungen gemacht. Ich selbst war in den späten Neunzigern eingeschrieben und habe die letzten unbeschwerten Jahre miterleben dürfen. Der ganze Campus befand sich damals zwischen dem Rand des Volksparks und der heutigen Mürwiker Straße. Wenn man zwischen zwei Vorlesungen einen Spaziergang machte, konnte man in weniger als einer Viertelstunde ganz gemütlich das komplette Gelände umrunden. Ich bezweifele, dass einem das heute gelingt, wenn man nur um das Parkplatzgelände der Uni schlendert.

Die Gebäude auf dem Campus stammten alle aus den späten 60er-Jahren. Das Hauptgebäude, direkt an der Mürwiker Straße gelegen, verströmte den wunderbar zurückhaltenden Charme dieser längst vergangenen Zeit, den man heute in Flensburg fast nur noch bei einigen historischen Kirchen findet. Protzt heute fast jedes Gebäude mit seiner Frontseite an der Straßenfont,

so hatte man damals den Haupteingang der Hochschule so gelegt, dass man erst einmal von der Straße aus um das Gebäude herum gehen musste, um eintreten zu können. Dazu zeugten große Fensterfronten zur Straße hin davon, dass man nichts zu verbergen hatte. Ein Konzept, das bis heute überzeugt.
Das Innere des Campus ähnelte mehr einer großen Jugendherberge als einer Universität. Niedrige Gebäude zwischen altem Baumbestand, ein Teich, um den herum Studierende eines Seminars einen Naturgarten angelegt hatten und zwischen alldem Wege, die sich nach buddhistischer Art durch die Landschaft schlängelten.
Aber das besondere Etwas der alten Pädagogischen Hochschule waren nicht die Gebäude und nicht die Landschaft, es waren die Menschen. Bei einer Uni dieser Größe kennt man natürlich nach ein paar Wochen jede und jeden, egal, ob man dort studiert, arbeitet oder gar unterrichtet. Ein Teil der Studierenden lebte im Wohnheim, das ebenfalls auf dem Campus untergebracht und für seine ausschweifenden Partys berühmt und berüchtigt war. Der Rest kam morgens mit dem Bus, dem Fahrrad oder zu Fuß. Man traf sich bei gutem Wetter an einem der vielen Treffpunkte zwischen den Gebäuden oder bei Schietwetter in der Mensa. Selbst die Angestellten und das Lehrpersonal holten in der Mensa ihren Kaffee, sodass man sich zwangsläufig viel näher kam, als es heute an den riesigen Unis möglich ist.
Am besten in der Erinnerung bleiben einem die etwas schrägen Typen, solche, die man nicht jeden Tag trifft. Den Psychologie-Professor, der für seine hohen Anforderungen bekannt war, vor allem in Statistik, traf man auf den Fluren und Wegen meistens mit einem Einkaufswagen, einem Hackenporsche, in dem er sämtliche Materialien verstaut hatte, die er in diesem Semester benötigte. Der Mann war derart streng, dass er Studenten we-

gen eines Zahlendrehers in einer Statistikarbeit den kompletten Kurs im nächsten Semester wiederholen ließ. Aber er saß auch mit Kommilitoninnen auf einer Treppe vor dem Seminarraum und gab ihnen ganz private und kostenfreie Nachhilfestunden. Mein Lieblingszitat von ihm ist mir bis heute unvergessen. „Fräulein Sowieso, Sie können sich ihren wunderbar traurigen Hundeblick für lohnenswertere Gelegenheiten aufsparen. Eigentlich bin ich ein sehr liebenswerter Mensch, aber wenn es um Ihre Leistungen in Statistik geht, ist mein Herz härter als ein Diamant!“ Bis auf die Betroffenen hatten sicher alle Anwesenden ihre Freude an solchen Sprüchen.

Von ganz anderem Kaliber war einer seiner Kollegen, der Psychologie und Pädagogik unterrichtete. Er hatte zu dieser Zeit die Mysterien fernöstlicher Philosophen entdeckt, von denen er sich inspirieren ließ. Ich erinnere mich sehr gut an ein Wochenend-Block-Seminar, an dem ich unbedingt mit Erfolg teilnehmen musste, um zu einer Prüfung zugelassen zu werden, die für mich wichtig war. Das Seminar begann samstagsmorgens im Außenbereich des Seminargebäudes. Der Professor, trotz seines fortgeschrittenen Alters komplett in fröhliche Gelb-, Rot- und Orangetöne gekleidet, begrüßte uns mit vor der Brust verschränkten Händen und einer Verbeugung, mit der er auch die dänische Königin hätte angemessen begrüßen können. Es gab von ihm selbst zubereiteten Tee. Ich gestehe, dass es nicht nur am Geruch des Getränkes lag, sondern auch an meiner allgemeinen Abneigung gegen Tees, dass ich die Schale ganz unauffällig in den Büschen entleerte.

Es folgte eine Willkommensübung. Wir sollten uns selbst, unsere Mitstudierenden und unsere Umgebung erfassen, erleben und willkommen heißen. Dazu verteilte der Professor Augenbinden. Ich schaffte etwa drei bis vier Meter, bis ein Mitstreiter mich mit der Schulter am Rücken traf und ich lang auf den Boden schlug. Ich schob die Augenbinde hoch und sah, dass auch der Professor an der Übung teilnahm. Er war wohl gerade dabei, einen der Bäume vor dem Gebäude willkommen zu heißen, indem er sich eng an ihn schmiegte und mit seinem Bart dessen Rinde erkundete. Ich nutzte die Gelegenheit, mich auf die Stufen des Gebäudes zurückzuziehen und meinen Kommilitoninnen und Kommilitonen bei ihren Willkommensritualen zuzuschauen. Erst als der Professor alle aufforderte, sich auf den Wiedereintritt in die reale Welt des Hier und Jetzt vorzubereiten, zog ich die Maske nach unten und war froh, dass niemand mich bei meinem Betrugsmanöver erwischt hatte.

Der Rest des Tages verlief durchaus in sachlicher und fachlicher Atmosphäre und so erschien ich am Sonntagvormittag zur nächsten Einheit des Seminars. Inzwischen war ich klüger. Draußen nieselte es und wir spielten das gleiche Begrüßungsspiel im Inneren des Gebäudes. Ich nahm die Augen-

Pädagogische Hochschule, etwa 1975.

binde, wartete, bis alle ihr Exemplar aufgesetzt hatten, und verzog mich auf die Fensterbank, um zu beobachten, wie die anderen ihre Umgebung begrüßten. Ich schätze, ich war an diesem Sonntag einer der wenigen Studenten, die jemals einen Professor der Psychologie mit einem Kartenständer haben tanzen sehen. Aber nach dieser skurrilen Eröffnungszeremonie folgte erstaunlich schnell eine konstruktive Arbeitsatmosphäre, in der wir eine Menge lernten. Und am Ende bekamen wir die Bescheinigung, die für unser Studium so wichtig war.

Heute lächeln wir, wenn wir die Bilder der Pädagogischen Hochschule an der Mürwiker Straße sehen. Eine Hochschule auf einer Fläche, die inzwischen nicht mal für die Parkplätze der hypermodernen Universität ausreichen würde, die Semester für Semester Unmengen an Bachelor- und Master-Absolventen ausspuckt.

Der Schlammi

Wenn man das Wort „Currywurst“ hört, dann denkt man beinahe automatisch „Pommes und Majo“. Denkt man? Nun, zumindest bei den Älteren in Flensburg ist die Assoziation zu Currywurst eher „Der Schlammi“, denn beim Schlammi denkt man an die „Beste Currywurst der Welt“ und an die Seewarte in Mürwik.

Der Schlammi, das war Eugen Luig, der Mitte der 1920er-Jahre im heutigen Estland geboren wurde. Er hatte in Breslau Musik studiert, was für ihn als Deutschbalten damals kein Problem war. Der Krieg zerstörte seine weiteren Pläne. 1945 kam er zum ersten Mal nach Flensburg, auf dem Weg nach Schweden. Ihn ereilte das Schicksal vieler Flüchtlinge, die dänische Grenze war geschlossen. Der Liebe wegen verschlug es ihn nach Bayern, bevor er Mitte der 50er-Jahre wieder zurück in die Stadt kam, die ihm Heimat wurde: Flensburg.

Eugen Luigs Vater hatte mittlerweile das Hotel Seewarte gekauft, das so ziemlich genau auf der Grenzlinie zwischen Flensburg und Mürwik steht. Der Kauf erwies sich als kluge Entscheidung, denn als 1956 die Bundeswehr aufgestellt wurde, entstand in Mürwik ein großer Standort der Marine. Viele Soldaten suchten Unterhaltung und davon bot die Seewarte einiges und das in fußläufiger Entfernung zu den Kasernenanlagen.

Es gab das Tanzlokal Seewarte und das „Park Lichtspieltheater", benannt nach dem gegenüberliegenden Park des Kaufmanns Ernst Göttig, der zu dem Zeitpunkt bereits der Siedlung Parkhof gewichen war, das die Flensburger schnell in „Pali" umtauften. Hier, befand Eugen Luig, sei die richtige Umgebung für seinen „Super Grill", der im Volksmund ganz schnell „Der Schlammi" hieß.

Generationen von Marinesoldaten absolvierten den Feierabend-Dreikampf: Currywurst beim Schlammi, ein Film im Pali und anschließend Schwof mit den hübschen Flensburger Mädchen in der Seewarte. Dass die Inhaber dabei ein gutes Geschäft machten, versteht sich wohl von selbst.

In den 80er-Jahren aber wurde die Marine in Flensburg peu à peu abgebaut, die Wiedervereinigung und die Verlegung großer Truppenteile nach Mecklenburg-Vorpommern war das faktische Aus für Mürwik als personalstarker Standort der Bundeswehr. Nun lebte der Imbiss und damit sein Betreiber Eugen Luig von den Flensburger Stammgästen, die er mit seiner Art über Jahrzehnte gewonnen hatte.

„Der Herr!“, klingt es alten Flensburgern heute noch im Ohr, „Die Dame! Womit darf ich Ihnen dienen?“ Diese Ansprache steht für Eugen Luigs Haltung, denn er empfand die Zubereitung von Pommes-Frites, Currywurst und anderen Leckereien tatsächlich als Dienst an seiner Kundschaft. Unvergessen die Eleganz, mit der er hinter seinem Wursttresen hervorkam und einer jungen Frau aus der Jacke oder dem Mantel half, wenn deren Begleiter das nicht für nötig hielt. Natürlich stellte er ihr den Stuhl zurecht, sodass sie sich ohne Mühe hinsetzen konnte, bedachte den Stiesel, der sie begleitete, mit einem mitleidigen Blick und widmete sich wieder seinen Grills und Fritteusen.

Die Glaubensfrage beim Schlammi war „Mit oder ohne?“ und das Objekt des Streites war, neben dem Currypulver, die Ananas. Currywurstsoße mit Ananas? Da gab es keine windelweiche Mitte, man liebte sie oder man verabscheute sie, beides leidenschaftlich! Der Schlammi aber konnte beide Gruppen verstehen, er überließ seinen Kunden die Auswahl. Ebenso bei den Getränken. Er reichte Bier genauso gerne zum Essen wie Mineralwasser oder Limonade. Auch das Schnäpschen fand bei ihm Gnade, ganz im Gegensatz zu denen, die zu viel davon intus hatten. Mit Betrunkenen, besonders wenn sie laut oder gar unhöflich gegen seine Gäste wurden, machte er kurzen Prozess, was bei seiner sehenswerten Körpergröße und Statur kein Problem war.

Aber solche Kundschaft war bei ihm wirklich die Ausnahme. Hier konnte man durchaus einmal hereinkommen und Eugen Luig in ein Gespräch mit einem Gast vertieft finden, bei dem es um die Ursachen des Ersten Weltkriegs, den Lieblingsgin von Winston Churchill oder Qualität von Konzertflügeln ging. Luig war nicht nur vielseitig interessiert, sondern auch enorm gebildet und weit gereist.

Das mit der besten Currywurst der Welt muss aber hier und jetzt geklärt werden, denn den Begriff hatte die „Moin-Moin“, das lokale Anzeigenblatt geprägt, und zwar nach einer wahren Geschichte. Es muss in den frühen 80er-Jahren gewesen sein, da gab es ein junges Mädchen, das regelmäßig beim Schlammi seine Currywurst aß und das es nach Amerika verschlug. Wie genau es dazu kam, weiß heute niemand mehr so ganz genau. Wie dem auch sei, eines Tages muss dieses Mädchen sich im fernen Amerika voller Sehnsucht an Schlammis Currywurst erinnert haben. Sie schrieb eine Ansichtskarte, adressiert an „Die beste Currywurst der Welt“, beim „Schlammi in Deutschland, Germany“.

Wie gesagt, das war in den 80er-Jahren und bei der Post redete niemand von Privatisierung und Aufhebung des Briefmonopols. Es dauerte seine Zeit, aber eines Tages fand sich die Postkarte an die „Beste Currywurst der Welt“ in Eugen Luigs Briefkasten und ein paar Tage später hing sie an einem Balken in seinem Imbiss. Die Geschichte wurde zum Selbstläufer. Irgendjemand, der die Karte sah, kannte irgendjemanden bei der Moin-Moin. Ein paar Tage später stand die Redakteurin,

Super-Grill
Telefon 37577 u. 30155

Flensburg-Mürwik, Mürwiker Straße 164
Neben dem Kino „PALI“
Gute Parkmöglichkeit

Unsere modernen „Silber-Herthel-Geräte“ liefern auch für Sie:

	DM		DM
1/2 Hähnchen v. Grill	**3,75**	**Pommes-frites**	**0,70**
Curry-Wurst	**1,50**	**O-Suppe**	**0,80**
Bratwurst	**1,20**	**Hühnersuppe**	**0,90**

Ab 11 Uhr geöffnet — Auch zum Mitnehmen
Wurstwaren von Jacob Clausen — Geflügel von Chr. W. Schmidt

Frisch und bekömmlich wie der Kunde es will,
bekommt er einen Schnell-Imbiß im Super-Grill.

vermutlich die beliebte Renate Kleffel, beim Schlammi im Imbiss und probierte nicht nur das Objekt ihrer nächsten Schlagzeile, sie interviewte auch den Schöpfer. Ein paar Tage später steckte eine Ausgabe in allen Flensburger Briefkästen mit der Titelzeile „Die beste Currywurst der Welt kommt aus Flensburg“. Und von da an wussten es alle.
Den Schlammi in der Seewarte gibt es seit fast zwanzig Jahre schon nicht mehr. Eugen Luig war Flensburgerinnen und Flensburgern genau wie Gästen der Stadt bis ins hohe Alter ein perfekter Gastgeber. Heute aber kann er sich sicher sein: Die Flensburger vergessen ihren Schlammi nicht!

Der Weihnachtsbaum

Mehr als 20 Jahre lang hatten die Flensburger „ihren“ Weihnachtsbaum von einer Optiker-Kette gesponsort bekommen, aber 2022 war damit plötzlich Schluss. „Wegen der Energiekrise spenden wir dieses Jahr keine Weihnachtsbäume“, hieß es. ‚Also muss eine eigene Tanne her‘, dachten sich die Verantwortlichen.
Da eine „ortsansässige“ Tanne ausfiel, ihr Stamm war um wenige Zentimeter zu dick und sie durfte nicht mehr gefällt werden, sollte ein schöner Baum aus Preetz her. Doch an dem Termin, an dem der Baum angekündigt war, kam er nicht an. Die Polizei hatte den LKW, der das gute Stück nach Flensburg bringen sollte, ein paar Kilometer vor der Stadt angehalten und kurzerhand nicht weiterfahren lassen. Die Tanne ragte nämlich seitwärts weit über den Laster hinaus und der war nun zu breit geworden. Vier Stunden lang mussten die Flensburger auf das Pracht-

stück warten! Speditionsmitarbeitern gelang es schließlich, die Tanne mit Seilen so weit zur Raison zu bringen, dass auch das letzte Stück der Fahrt in Angriff genommen werden konnte. So war der Weihnachtsmarkt 2022 dann doch nicht der erste, der ohne den Traditionsbaum stattfinden musste.

Weitere Bücher aus der Region

Unserer Glücksmomente – Geschichten aus Flensburg
Britta Bendixen
80 Seiten
ISBN 978-3-8313-3330-1

Dunkle Geschichten aus Flensburg
SCHÖN & SCHAURIG
Britta Bendixen
80 Seiten, zahlr. S-W-Fotos
ISBN 978-3-8313-3269-4

Starke Frauen aus Schleswig-Holstein
Manuela Junghölter
96 Seiten, zahlr. Farbfotos
ISBN 978-3-8313-3256-4

Schleswig-Holstein
Die Gerichte meiner Kindheit
Rezepte und Geschichten
Annerose Sieck
128 Seiten,
zahlr. Farb- und S-W-Fotos
ISBN 978-3-8313-2197-1

Wartberg-Verlag GmbH
Im Wiesental 1 34281 Gudensberg
www.wartberg-verlag.de

Bücher für Deutschlands Städte und Regionen
Tel. 0 56 03 - 93 05 0
Fax. 0 56 03 - 93 05 28